电视作品分析

主编 陈丹丹

高等院校艺术学门类
"十四五"规划教材

A R T D E S I G N

华中科技大学出版社
http://www.hustp.com
中国·武汉

内 容 简 介

本书从"电视剧""电视纪录片""电视新闻""电视综艺节目"四种电视艺术形态出发,总体上把握艺术形态的概念、发展历程、艺术特点与叙事要素等,既有宏观阐述,又有微观评析,融资料和分析为一体。每项任务后结合具体文本附有案例分析与思考题,使学生在掌握电视艺术形态的概念与特点、了解电视艺术创作方法的基础上,提升审美能力和分析能力。本书具有较强的指导性和可操作性,语言通俗易懂,分析深刻简洁,内容覆盖面广,适合高等院校影视专业相关课程教材的选用,对影视传媒从业者也有诸多启示。

《电视作品分析》课件(提取码:mw8u)

图书在版编目(CIP)数据

电视作品分析/陈丹丹主编. —武汉:华中科技大学出版社,2020.6(2022.12 重印)
ISBN 978-7-5680-6233-6

Ⅰ.①电…　Ⅱ.①陈…　Ⅲ.①电视节目-研究　Ⅳ.①G222.3

中国版本图书馆 CIP 数据核字(2020)第 074753 号

电视作品分析　　　　　　　　　　　　　　　　　　　　　陈丹丹　主编
Dianshi Zuopin Fenxi

策划编辑:	彭中军
责任编辑:	张　娜
封面设计:	优　优
责任监印:	朱　玢
出版发行:	华中科技大学出版社(中国·武汉)　电话:(027)81321913
	武汉市东湖新技术开发区华工科技园　邮编:430223
录　排:	华中科技大学惠友文印中心
印　刷:	武汉科源印刷设计有限公司
开　本:	880 mm×1230 mm　1/16
印　张:	7
字　数:	200 千字
版　次:	2022 年 12 月第 1 版第 7 次印刷
定　价:	49.00 元

本书若有印装质量问题,请向出版社营销中心调换
全国免费服务热线:400-6679-118　竭诚为您服务
版权所有　侵权必究

前言 Preface

电视作为大众传播媒介,其艺术形态具有独特的审美特征。电视艺术不仅介入我们的日常生活,也深深介入我们的民族生活、民族情感和民族文化,其呈现形式与承载内容均为民族特色的最佳阐释。基于此,编者深感电视艺术与时代关联之紧密几乎超越了其他所有艺术门类。因此,编写本书时既忐忑也坦然:忐忑于电视艺术包含的内容丰富且庞杂,发展规律不断演进,唯恐有遗漏之处;坦然于通过回溯电视艺术的发展历程,可以更加清楚地理解其发展趋势。编写本书的目的是记录时代进程对电视艺术的影响以及如今电视艺术发展呈现出来的艺术观念和创作规律,为未来电视艺术研究留下些许可供参考的资料。

诚然,对电视艺术发展历程的梳理是一项既基础又繁杂的工作,不仅要通读电视艺术发展不同阶段的文献资料,还要体会时代的进步对于今天电视艺术的意义与价值。由于视频资料有限,编者在整理总结的过程中,文字资料中有关具体案例创作过程的细节描述让编者倍感欣喜。除此之外,有感于电视从业者在探索初期的有勇有谋、干劲十足,在繁盛时期的沉稳与冷静,在停滞时期的反思与努力,在创新时期的进取与魄力;也深知电视领域竞争越来越残酷,电视艺术不同形态的发展都会经历停滞期,而出现停滞期往往是因为某种作品模式受到追捧之后,一批雷同的作品一拥而上造成了观众审美疲劳。如果没有及时创新,从浪潮中脱颖而出,那么曾经辉煌过的优秀作品模式终将面临淘汰。

在目前已出版的学术著作中,不难发现关于电视艺术方面的研究论著越来越多,既有理论梳理,也有业界分析,既有宏观溯源,也有个案研究,当然也不乏译著文集。本书从"电视剧""电视纪录片""电视新闻""电视综艺节目"四种电视艺术形态出发,结合不同电视艺术形态自身发展规律进行梳理,总体上把握艺术形态的概念阐述、发展历程、艺术特点与叙事要素等,既有宏观阐述,又有微观评析,融资料和分析为一体。每项任务后结合具体文本附有案例分析与思考题,使学生在掌握电视艺术形态的概念与特点、了解电视艺术创作方法的基础上,提升审美能力和分析能力。本书具有较强的指导性和可操作性。

本书共分为四个部分,其中,"电视剧"部分包括历史剧、谍战剧、军旅剧、家庭伦理剧、武侠剧、农村剧、职业剧、青春偶像剧、情景喜剧等类型,最后"如何看待爆款爽剧——以《延禧攻略》《如懿传》为例""青春偶像剧创作要实现共情——专访编剧高璇""现实题材电视剧的创作路径——专访导演姚晓峰"三部分内容剖析了电视剧发展过程中的热点现象。"电视纪录片"部分分别从电视纪录片的发展历程、解说词分析与叙事分析三大板块进行阐述,第三节"跨媒介背景下的电视纪录片创作——以《如果国宝会说话》为例",从跨媒介创作角度分析了电视纪录片的创作现状。"电视新闻"部分则从发展历程、类型划分、特点分析等展开,并结合电视新闻文稿进行实例分析。"电视综艺节目"部分所占比例最大,本书将电视综艺节目划分为竞技类、生活服务类、游戏类、文化类、谈话类五大类型,最后一节针对最近引发关注的纪实类综艺节目的创作特点进行分析。

本书适合于高等院校影视专业相关课程的教材选用,也适合影视传媒从业者参考使用。由于编者的学术视野、专业积累、人生阅历有限,书中难免有纰漏和谬误之处,期盼与各位专家学者、电视从业者交流商榷。

感谢爱丁堡大学。这本书的编写工作是在爱丁堡大学访学期间完成的,学校浓厚的学术氛围与自由开放的学术环境为编者提供了适宜的写作空间。感谢华中科技大学出版社和编辑彭中军。编者始终记得编辑的留言——"质量优先",这是叮嘱也是鞭策。感谢河北大学。编者在河北大学的公选课教学和专业课教学中,积累了较为丰富的教学经验,为编写本书提供了具体的教学案例。感谢国家留学基金委。本书得到国家留学基金委资助(201908130160)。

编　者

2020 年 1 月于英国爱丁堡

目录 Contents

第一章　电视剧作品分析　/1

第一节　电视剧的概念与发展历程　/3
任务　理解电视剧的概念及发展　/3

第二节　电视剧的类型划分与特点分析　/8
任务一　理解历史剧的概念与艺术特点　/8
任务二　理解谍战剧的概念与艺术特点　/11
任务三　理解军旅剧的概念与艺术特点　/13
任务四　理解家庭伦理剧的概念与艺术特点　/15
任务五　理解武侠剧的概念与艺术特点　/17
任务六　理解农村剧的概念与艺术特点　/19
任务七　理解职业剧的概念与艺术特点　/20
任务八　理解青春偶像剧的概念与艺术特点　/22
任务九　理解情景喜剧的概念与艺术特点　/24

第三节　电视剧的发展现状与热点问题剖析　/26

第二章　电视纪录片作品分析　/31

第一节　电视纪录片的概念与发展历程　/33
任务　理解电视纪录片的概念及发展　/33

第二节　电视纪录片的类型划分与特点分析　/40
任务一　分析电视纪录片的类型与艺术特点　/40
任务二　分析电视纪录片的解说词　/42
任务三　分析电视纪录片的叙事　/45

第三节　跨媒介背景下的电视纪录片创作——以《如果国宝会说话》为例　/49

第三章 电视新闻作品分析 /53

第一节 电视新闻的概念与发展历程 /55
任务 理解电视新闻的概念及发展 /55

第二节 电视新闻的结构分析 /59
任务 分析电视新闻的结构 /59

第三节 电视新闻的类型划分与特点分析 /62
任务一 分析消息类电视新闻的类型与特点 /62
任务二 分析深度报道类电视新闻的类型与特点 /67
任务三 分析评论类电视新闻的概念与特点 /73

第四章 电视综艺节目作品分析 /79

第一节 电视综艺节目的概念与发展历程 /81
任务 理解电视综艺节目的概念及发展 /81

第二节 电视综艺节目的类型划分与特点分析 /87
任务一 分析竞技类综艺节目的概念与特点 /87
任务二 分析生活服务类综艺节目的概念与特点 /90
任务三 分析游戏类综艺节目的概念与特点 /92
任务四 分析文化类综艺节目的概念与特点 /94
任务五 分析谈话类综艺节目的概念与特点 /97

第三节 纪实类综艺节目的创作特点 /100
任务 分析纪实类综艺节目的创作特点 /100

参考文献 /105

Dianshi Zuopin Fenxi

第一章
电视剧作品分析

第一节
电视剧的概念与发展历程

任务 理解电视剧的概念及发展

> 任务概述

通过对电视剧基本概念和发展历程的讲述,学生可以初步了解电视剧艺术。

> 能力目标

对电视剧的发展历程有认知,并能够对现今电视剧的发展形态有清晰的理解。

> 知识目标

了解电视剧的基本内涵和各个发展阶段的艺术特点。

> 素质目标

使学生对电视剧艺术有整体感知能力和鉴赏能力。

一、电视剧的概念阐述

1. 电视剧的概念

从电视剧题材、类型、风格来看,电视剧在反映社会生活的多样性和丰富性上,是其他任何艺术形式都难以比拟的,并且电视剧具有极强的兼容性,可以兼容电影、戏剧、文学、音乐、舞蹈、绘画、造型等现代艺术元素,能够满足不同艺术趣味、不同审美品位的广大观众的精神需求,这些特征使得电视剧真正成为雅俗共赏、老幼咸宜的"大众化"综合艺术。

2. 电视剧的诞生

1928年9月11日,美国通用电气公司试播的独幕剧《女王的信使》是美国历史上第一部电视剧,也是世界范围内出现得最早的电视剧。1930年,英国广播公司BBC在伦敦播出的意大利剧作家皮兰德罗的《花言巧语的人》,又称《口叼鲜花的人》,被视为世界上第一部完备的电视剧。1936

年11月2日,设立在伦敦市郊亚历山大宫的BBC电视台正式播出电视节目,这一天后来被定为电视剧的诞生日。

中国第一部电视剧《一口菜饼子》,由中央广播实验剧团表演创作,于1958年6月15日在北京电视台(今中央电视台)以黑白电视直播的方式播出。《一口菜饼子》根据《新观察》杂志上刊登的许可创作的同名短篇小说改编,讲述了在逃荒路上,母亲把最后一口菜饼子拿了出来,把生的希望给了孩子。新中国成立后生活条件好了,忘了本的妹妹拿着枣丝糕逗小狗,遭到了姐姐的呵斥,告诉她忘记历史就意味着背叛。妹妹听完了姐姐的哭诉,后悔自己不应该忘记过去的艰辛岁月,要更珍惜眼前的幸福生活。该剧以第一人称的串讲方式表现,扮演姐姐的孙佩云既是演出者又是讲述人。

3. 中国电视剧的三种形态

1)电视直播剧

直播剧指在电视剧兴起之初,由于电视技术条件的限制,即还没有磁带录像设备的情况下,借助多机拍摄、镜头分切等艺术处理,演出、摄像、录音合成同时进行,并运用电子传播手段直接传达给观众,在演播室里演出并即时播出的电视剧。直播剧遵循戏剧的表演模式,以戏剧的美学观为其支撑点,以戏剧的矛盾冲突为基础,采用戏剧式结构原则,具有开端、纠葛、发展、高潮、结局等情节要求,遵循时间、地点、动作同一的"三一律",剧情高度集中,带有较强的舞台假定性。

2)电视单本剧

20世纪70年代,随着电子技术的发展,便携式摄录设备、电子编辑机的相继出现为蒙太奇手法的灵活运用创造了有利条件,电视剧制作由室内走向了室外,由演播室搭景走向了实景拍摄,由单一时空呈现转向多元时空结合,电视剧创作出现了明显的电影化倾向,这一阶段被称为电视单本剧时期。电视单本剧时期所录制的电视剧全部实景拍摄,借用真实的自然社会环境,体现丰富多彩的场景变化、灵活多样的拍摄角度以及真实色彩的还原,比电视直播剧时期向着"真实"的方向大大迈进了一步,故而这一形态的电视剧将"真实"的美学观念提到了首要位置。

3)电视连续剧

20世纪80年代,电视连续剧的出现是对电视剧观念的又一次更新。这次更新不仅创造了最具有也是最能发挥电视剧艺术特质的艺术形式,而且促成了"电视剧"独有的艺术观念:宜于将重大的现实生活事件、杰出人物的传记、著名的文学巨著纳入电视剧的创作范畴;一般采用叙事结构来表现人物的命运;注意悬念的设置;播出的时间越长,越能巩固观众的收视热情。由此可见,电视连续剧是最富有电视特征的电视剧形态。

二、中国电视剧的发展历程

1. 初创阶段(1958年—1966年)

1958年5月1日,中国第一座电视台——北京电视台(中央电视台的前身)成立,这一年世界上已有67个国家开播了电视。1958年6月15日,北京电视台播出的"电视小戏"《一口菜饼子》是我国第一部电视直播剧,标志着中国电视剧的发端。自此,中国电视剧以黑白、直播的形式走过了八年初创时期。

1) 艺术特点

这一阶段的电视剧具有两个鲜明的特征:第一是时效性,及时反映社会生活动态和党的方针、政策;第二是纪实性,在真人真事的基础上,经过艺术加工创作而成。这个阶段的电视剧由于技术限制都是直播剧,并且带有浓厚的舞台剧痕迹,制作相对粗糙,形成了"一条主线,两三个场景,四五个人物,七八场戏,六十分钟,二百个镜头"的创作模式。

2) 题材分类

初创阶段电视剧的题材大多贴近现实生活,反映人民的情绪,注重作品的社会意义,多为配合政治形势教育而摄制的现实题材作品。比如,忆苦思甜(《一口菜饼子》)、英雄颂歌(《焦裕禄》《雷锋》《江姐》)、对旧观念的批评与对新生事物的颂扬(《相亲记》《桃园女儿嫁窝谷》)等都是这一阶段电视剧的主要题材。

2. 停滞阶段(1967年—1977年)

这一阶段近十年期间拍摄了《考场上的反修斗争》《公社党委书记的女儿》《神圣的职责》三部电视剧。1967年,北京电视台拍摄了电视剧《考场上的反修斗争》,这是中国电视史上第一部不采用直播而采用黑白录像设备录制的电视剧。1975年,在彩色电视试播两年后,北京电视台播出的《神圣的职责》成为最早的彩色电视剧。从1958年到1977年将近二十年的时间,电视机并没有在中国普及,电视剧也局限在小范围内传播,并没有形成广泛的社会影响力。

3. 复苏阶段(1978年—1989年)

1978年5月22日,中央电视台播出了"文革"后制作的第一部电视剧——以农村生活为题材的《三家亲》,这部剧也是我国第一部电视单本剧,同时也是第一部全部实景录制的电视剧。此后,大批电视单本剧蜂拥而至,数量逐年增长,质量愈来愈高。比如,《有一个青年》《凡人小事》《乔厂长上任》《女友》《新岸》等。1981年2月5日春节,中央电视台播出的9集连续剧《敌营十八年》,是我国第一部电视连续剧,也是第一部采用情节剧模式制作的最早产生广泛影响的通俗电视连续剧。但是,我国真正进入电视连续剧时期还是1982年以后的事。1982年,我国共播出电视连续剧14部(60集)。其中,代表作有《蹉跎岁月》《赤橙黄绿青蓝紫》《鲁迅》《武松》,1983年涌现了《高山下的花环》《华罗庚》《诸葛亮》,1984年涌现了《今夜有暴风雪》《少帅传奇》《夜幕下的哈尔滨》,1985年涌现了《四世同堂》《寻找回来的世界》《新星》,1986年涌现了《凯旋在子夜》《雪野》《红楼梦》等。1984年,中央电视台开始播放香港亚洲电视台制作的武打连续剧《霍元甲》,开启了中国内地(大陆)电视台播放港台电视剧的序幕。

此外,这一时期在引进国外电视剧上也有所突破。1979年,中央电视台播出的南斯拉夫电视剧《巧入敌后》成为中国第一部译制剧。1980年,中央电视台相继播出了两部从美国引进的系列电视剧《大西洋底来的人》和《加里森敢死队》。1984年播出的电视剧《血疑》,由于插播了企业广告引发了一场轩然大波。

1）发展背景

1978年，中共中央提出以经济建设为中心，实行改革开放。自此，中国经济得到飞速发展，人们生活水平提高，家庭娱乐方式逐渐丰富，中国电视的发展逐步向大众文化靠拢。1983年召开的第十一次全国广播电视工作会议提出"四级办广播、四级办电视、四级混合覆盖"的方针，从宏观政策上促进了各省市电视台的发展。

1981年4月，第三次全国电视节目会议在北京召开，会议对1980到1981年播出的电视节目进行评选，这一全国性的电视剧评奖活动从此一年举办一次，1983年开始正式命名为"中国电视剧飞天奖"。1983年，浙江省《大众电视》杂志社举办了第一届电视剧"大众电视金鹰奖"评选。1982年1月，中国电视剧艺术委员会成立，委员会做了大量促进电视剧生产的实际工作。1988年10月，中央电视台开始对该台播出的电视剧规格、时长做出规范化、标准化的规定：连续剧（3集及3集以上），单本剧（1集或2集）每集50分钟，短剧30分钟，小品15分钟。

2）艺术特点

从1978年"文化大革命"结束后一直到20世纪80年代是中国电视剧的复苏时期，这种复苏不但表现在数量的增长上，而且在质量上有了很大提高，直接进行政治宣教的电视剧逐步减少，而带有现实主义和反思色彩的电视剧越来越多，电视剧作为大众文化的娱乐功能开始呈现。在剧作风格上"百花开放"，有正剧、喜剧，也有悲剧、讽刺剧。从整体上看，这一时期的电视剧创作体现出较强的现实主义倾向，创作队伍日益壮大。国外电视剧也成为新的电视节目来源。

4. 繁荣阶段（1990年—2000年）

1986年6月，电视剧制作许可证制度出台，电视剧的制作不仅可以依靠政府资助，还可以依靠市场投资。到了20世纪90年代，电视剧的生产和流通是非市场性与市场性两种体制并存，也是电视文艺类型中市场化程度最高的艺术形态。

1990年，中国第一部室内剧《渴望》诞生，该剧由北京电视台、北京电视艺术中心录制。该剧造就了电视剧的收视奇迹，"举国皆哀刘慧芳，举国皆骂王沪生，万众皆叹宋大成"。这部剧以二元对立的日常生活为主要叙事线索，以政治事件为叙事背景，以普通家庭中的悲欢离合构成主要叙事情节。《渴望》的制作采用社会资助，室内搭景，运用多机拍摄、同期录音、现场剪辑的方式制作，是我国电视剧制作学习国外通俗室内剧制作模式的成功之作。

1991年，北京电视艺术中心拍摄了电视系列剧《编辑部的故事》。如果说电视剧《渴望》的审美判断和价值标准停留在农村文化，那么电视系列剧《编辑部的故事》的题材内容则偏向城市现代化进程中的人生百态。除此之外，《编辑部的故事》首次将广告随电视剧情节捆绑播出，不仅开创了企业融资的形式，同时利用剧情为赞助企业做隐性广告，这种生产方式为电视剧的商业化运作开辟了一种途径。1993年，中央电视台高价购买《爱你没商量》的首播权，此次收购行为是我国电视剧发展史上第一次，也是我国电视剧商业化运营的开端。

1）类型化电视剧形成

类型化电视剧的出现是电视剧市场化的结果。中国电视剧从《渴望》开始出现了类型化的倾向。这一时期的电视剧类型包括：家庭伦理剧《渴望》《贫嘴张大民的幸福生活》，言情剧《过把瘾》《东边日出西边雨》，情景喜剧《我爱我家》，军旅剧《红十字方队》，戏说历史剧《戏说乾隆》《还珠格格》，严肃历史剧《雍正王朝》《康熙王朝》，反腐剧《人间正道》等。

2）艺术特点

这一时期的电视剧以现实主义风格展现时代变革中的人物命运，讲述普通人的故事，展现了人们对于美好生活的向往以及努力奋斗的历程。叙事视角从宏观视角到微观视角，题材内容从单一化到多元化，价值功能从教化到娱乐大众。这一时期的电视剧制作充分体现了电视媒介的艺术属性：室内搭景、多机拍摄、现场录音、当场切换、同步剪辑等。

这一时期电视剧的题材主要有两方面，一方面是以党员干部为题材的"主旋律"电视剧，表现了国家意识形态的权威性，比如《焦裕禄》《党员二愣妈》《铁人》等；另一方面是通俗电视剧融合"主旋律"的大众题材，获得了市场和群众的认可，比如《北京人在纽约》《永不瞑目》等。

5. 黄金发展阶段（2001年—2009年）

随着中国正式加入世界经济一体化的全球化进程，中国电视剧创作逐渐形成了更规范、更成熟的产业化制作体系，不仅延承了20世纪90年代的现实主义创作风格，在此基础上电视剧的创作内容更加注重时代变迁下人物个体经历的深度挖掘和形象塑造，剧本本身的文化艺术品格较高。

这一时期涌现了大量优质的电视剧作品。对国家民族记忆的刻画与重塑通过家族命运起伏来表现，如《大宅门》《乔家大院》《闯关东》等。这些作品均有较扎实的剧本支撑和翔实的情节架构，塑造了一批自强不息的民族英雄形象。在创作理念上有了新突破，对于过去的权威解读也有了新的创作思路，其中，塑造"负面历史人物"，全面展现人物历史定位中的选择，比如李鸿章（《走向共和》）；对英雄形象的塑造不再局限于"高大全"，而是从"缺点"中挖掘人物的人格魅力，比如，李云龙（《亮剑》）、许三多（《士兵突击》）；表现国民党将领的爱国意识，以历史的眼光还原、阐释，如《历史的天空》。在抗战题材作品中，深入到深度反思战争与人性的层面，如《盖世太保枪口下的中国女人》《记忆的证明》《生死十日》等；家庭伦理剧中塑造了一批经典女性形象，如孙燕（《空镜子》）、宋雨（《浪漫的事》）、韩梦（《结婚十年》）、娟子（《中国式离婚》）、文丽（《金婚》）等。市民社会的发展是都市家庭剧走向成熟的促发因素，作品对家庭人物关系、婚姻情感质量的细致表现与深度开掘是20世纪90年代同类型创作所无法达到的。电视剧的表现重心从20世纪90年代的世俗日常生活逐渐转向个体婚姻生活的切身感受。这一时期还制作了经典模式的情景喜剧如《家有儿女》，同时，受后现代文化的影响创作出了古装情景喜剧《武林外传》。

6. 以IP改编为主阶段（2010年—2016年）

随着互联网技术的发展，影视制作开始关注网络文学改编。自2010年开始，网络小说改编电视剧逐步占领了整个电视剧市场。与此同时，伴随着电视剧制作剧集的暴增，IP改编成为电视剧制作的关键。IP改编指的是对有知识产权的文本进行改编创作。但是在互联网时代，IP改编逐渐成为电视剧制作和宣传的噱头。在此之前，由经典文学名著、戏剧、电影改编的电视剧也不胜枚举。但是对于IP改编，电视剧业界颇有微词，尤其是发展到中后期更为明显。其原因在于，在资本利益的驱动下，为了迎合网络时代的青年受众，IP改编的电视剧剧情拖沓、主题不明、同质化严重，"流量明星""玛丽苏"等比比皆是。这一趋势严重影响了电视剧制作的水准,不仅有违电视剧对最根本的艺术特性的追求,对于中国电视剧创作的良性长远发展也产生了一定的负面影响。

7. 现实题材逐渐回暖阶段(2017年至今)

2017年9月,国家广播电视总局、发展改革委、财政部、商务部及人力资源和社会保障部联合发文《关于支持电视剧繁荣发展若干政策的通知》,强调要从创作规划、剧本扶持等方面,倡导和强化对革命历史题材、现实社会题材和农村生活题材等现实主义影视剧创作的支持。近几年来,随着一些现象级热播电视剧的出现,如《人民的名义》(2017年)、《白鹿原》(2017年)、《鸡毛飞上天》(2017年)、《我的前半生》(2018年)、《大江大河》(2018年)、《都挺好》(2019年)、《小欢喜》(2019年)等,电视剧的题材选择呈现出了共同特点:立足现实、反映生活、刻画人物。虽然这些现实主义剧作取材各异,但是都在艺术地再现宏大的现实生活画卷的同时,渗透着浓郁的忧患意识和为民请命的情怀。在这一阶段,观众对于电视剧的评判与选择也愈发理性,电视剧制作逐渐摆脱了"流量明星"的束缚,一批实力派演员主演的电视剧赢得了收视和口碑的双赢,电视剧精品佳作迭出。

《编辑部的故事》第23集、《大宅门》第37集、《大江大河》第2集。

1. 案例中涉及哪些社会热点?体现了哪些时代特征?请举例说明。
2. 注意观察案例中人物日常生活化行为的呈现,试总结。
3. 案例中人物对话的精彩之处有哪些,请举例说明。

第二节 电视剧的类型划分与特点分析

任务一 理解历史剧的概念与艺术特点

> **任务概述**

通过对历史剧基本概念和类型界定的讲述,学生可以初步了解历史剧。

> **能力目标**

对历史剧的艺术特点有清晰的认知。

> **知识目标**

掌握历史剧中历史真实与艺术真实的关系。

> **素质目标**

使学生具备对不同类型历史剧的鉴赏评价能力,领会历史剧的艺术特点。

一、历史剧的概念阐述

历史剧以真实的历史人物、历史事件、历史时期为蓝本,不要求作品完全拘泥于历史人物的生平事迹、历史事件的自然进程和历史时期的详情细节,而是将创作的重心放在特定历史时期的重大历史事件以及历史人物的关键事迹上,并且进行适度艺术化加工和改编。创作历史剧之前要查阅、分析、研究大量历史资料,在不同程度地符合历史真实的基础上,选取具有典型意义的戏剧性的事件,并适当地运用想象、虚构等表现手法进行丰富和补充,构成戏剧冲突,再现一定历史时期的社会生活面貌。

历史剧的时间界定在 1949 年以前,需要注意的是历史剧强调要有历史依据,所以虚构人物和架空历史时期的电视剧属于古装剧的范畴。比如《琅琊榜》,虽然剧中成功塑造了颇有中国传统"士人"道德品格与政治理想的"梅长苏"人物形象,并且剧情以平反冤案、扶持明君、振兴山河为主线,颇有历史正剧的风貌,但是这部剧属于架空历史时空、虚构人物的古装剧,没有以真实的历史为蓝本,所以不属于历史剧的范畴。

二、历史剧的类型划分

历史剧按照"历史"与"戏剧"的不同比例可以分为狭义历史剧与戏说历史剧两种极端类型。狭义历史剧是尽可能严格真实地忠于历史,戏剧性虚构的部分所占比重较少的电视剧,也称历史正剧。戏说历史剧则正好相反,虚构的部分比重较大,而历史真实的部分并不突出。此外还有根据文学名著改编的"演义历史剧"。

1. 狭义历史剧

狭义历史剧即所谓的历史正剧。历史正剧的主要叙事背景、主要故事情节、主要人物的形象性格应当符合历史的真实存在,遵循郭沫若提出的"大事不虚,小事不拘"原则,依据史料记载对历史真实进行艺术再现,运用艺术的手法,真实再现当时社会的政治、经济、风俗、情感等场景。剧中的次要人物、次要事件可存在必要的艺术处理,例如增加事件、增加感情,使人物形象更加丰满等。历史正剧中对历史人物的艺术处理必须符合历史人物生平发展的逻辑。例如,电视剧《康熙王朝》第一次以正剧的角度浓墨重彩地刻画了清朝初期康熙皇帝充满传奇的一生,叙事元素包括战场、朝廷、宫廷、情感等。

2. 戏说历史剧

戏说历史剧是指以真实的历史人物、历史事件为创作线索，创作者经过大胆想象，进行了整体上的艺术虚构，不注重历史真实性求证，采取戏仿、夸张等手段，充满插科打诨、娱乐元素，充分运用艺术想象，带有明显的主观随意性和假定性，戏说的部分远远大于历史真实的部分的电视剧。自1992年《戏说乾隆》播出开始，戏说历史剧开始被人们熟悉和接纳。其他代表作包括《康熙微服私访记》《铁齿铜牙纪晓岚》《还珠格格》《甄嬛传》等。

3. 演义历史剧

演义历史剧是指那些处于狭义历史剧与戏说历史剧中间过渡的电视剧，诸如电视剧《三国演义》这样由文学著作改编，具有历史（真实）大于戏剧（虚构）特征，但在不少方面存在虚构的历史剧，就属于演义历史剧。"演义"是中国传统文学与历史结合比较严密，有虚构但又不脱离历史大面目且数量较多、社会影响广泛的一种艺术形式，由文学著作改编后以电视剧的形式呈现给观众，与狭义历史剧和戏说历史剧相区分。

三、历史剧的艺术特点

1. 家国意识与伦理精神

历史题材电视剧首先表现的是"家国意识"，包括了以国家利益、民族利益、国家统一、民族强盛、国民福祉和民族文化为尊的一套价值体系。对于历史正剧来说，必然少不了与国家兴衰强盛、民族分离聚合、文化继承发扬相关的情节。例如，电视剧《走向共和》围绕六位主角：慈禧太后、李鸿章、光绪皇帝、康有为、袁世凯、孙中山讲述了包括洋务运动、中日甲午战争、戊戌变法、庚子拳乱、八国联军侵华、庚子后新政、预备立宪、丁未政潮、孙中山革命起义、宋教仁案与二次革命、洪宪帝制、张勋复辟等史实。

除了家国意识，伦理精神也是历史剧始终坚持的艺术特点，剧中主要历史人物往往都是威武不屈、富贵不淫、高风亮节、浩然正气的形象，他们循规蹈矩、奉公守法，宁愿蒙冤受屈，也不愿做叛臣逆子。这种高度伦理化的道德意志和人格风貌是历史剧主要人物形象必须具备的民族精神和民族气派。

2. 历史真实与艺术真实

历史剧中历史真实与艺术真实的关系，一直是创作者关注的重点。《康熙王朝》的总导演陈家林直言："我认为正说和戏说只是风格、样式有差异，细究起来都是编的。但这个编要有个度的把握。我承认《康熙王朝》70%的剧情都是编的，但是编不等于糊弄人，历史框架、对事件的评价、人物的基调都要尊重史实。"《走向共和》的编剧盛和煜对于"真实"也说道："剧中会有很多编者主观情感和审美取向的东西,在尊重大的历史真实的前提下,细节需要靠虚构来支撑。"的确,历史的虚构与艺术构想要揭示出作品本身的原真性,而原真性的出现,需要对生活本质进行有效的再现。只有人物形象真实和丰满,才能表现出打动观众内心的真实情感。比如《铁齿铜牙纪晓岚》,这部电视剧在场景设置、人物关系以及细节道具等方面都不符合历史真实,真实历史中的纪晓岚比和珅大20多岁,在官职上是和珅的下级,电视剧中虽然违背了这一历史事实,但是成功塑造了符合历史人物真实性的形象:和珅"贪",纪晓岚"才",皇上的制衡权谋。为了呈现政治官场的人情世故、人物关系之间的嬉笑怒骂等核心情节,将无关紧要的细节进行违背历史真实的艺术创作,才能形成戏剧性的人物形象。除此之外,对于人物情感关系的创作是最常见的艺术加工。对于历史人物的私人情感,观众其实并不在意他们真实的感情细节,创作者通过艺术创作加工的缠绵悱恻、触动心弦的爱情故事来打动观众。比如《孝庄秘史》中多尔衮与孝庄的爱情故事,在历史中他们并未有过情感纠葛,但是通过创作者的剧情设计,为观众成功塑造了一部"爱而不得"的情感悲剧,也树立了孝庄太后以冷静的理智来驾驭自己感情的女政治家形象。编剧刘和平曾经说过:"历史剧一词是个偏正结构,历史是定语,剧才是主语。"

《走向共和》第12集、《康熙王朝》第46集、《孝庄秘史》第28集。

1. 在马关条约的签订中是如何塑造李鸿章人物形象的?
2. 容妃的结局对于康熙的形象塑造有什么影响?
3. 孝庄与多尔衮的关系变化凸显了孝庄怎样的人物性格?

任务二 理解谍战剧的概念与艺术特点

> 任务概述

通过对谍战剧基本概念和特点的讲述,学生可以初步了解谍战剧。

> 能力目标

对谍战剧的艺术特点有清晰的认知。

> 知识目标

掌握谍战剧的基本创作模式。

> 素质目标

使学生具备对谍战剧的鉴赏评价能力,领会谍战剧的艺术特点。

一、谍战剧的概念阐述

谍战剧就是以我方政权力量处于弱势或不稳定的时期为故事背景,即抗日战争时期、新中国成立前夕和解放初期,以我党地下人员与国民党或日本特务对抗较量为叙事主线,爱情婚姻、寻宝解密等多条副线交织展开,表现我党隐蔽战线人员为建立和巩固政权而战斗的艰辛历程,并关注其生存状态的电视剧。谍战剧的风潮在某种程度上与涉案剧受调控有关系,2004年,国家新闻出版广电总局下发通知,要求全国所有电视台在观众收视最为集中的黄金时段,不得播放渲染凶杀暴力的涉案题材影视剧。涉案剧的播出受到影响,与此同时,谍战剧情节紧凑,带有推理和悬疑的戏剧元素,便替代了涉案剧的收视空间。中国第一部电视连续剧1980年的《敌营十八年》,讲述的是新中国成立前夕,共产党员江波为完成党交给他的光荣而艰巨的任务,只身深入虎穴十八年,与敌人巧妙周旋,关键时刻当机立断,一次次将情报安全送出,粉碎了敌人的阴谋诡计,终于迎来解放的故事。这部剧作为谍战剧的开端奠定了关键的谍战剧创作模式:主角孤军奋战,始终处于险境,但是结局一定会胜利。2009年播出的《潜伏》掀起谍战剧的收视热潮。作为集大成者,这部剧以间谍-反间谍活动为主要素材,将卧底、特务、侦探、情报、暗号、电台、密码、惊险、智斗、悬疑、刺杀、跟踪等众多惊险的元素穿插在一起。更为重要的是塑造了"假夫妻"的人物关系,"假夫妻"身份背景的巨大差异形成了一种幽默的喜剧效果,在谍战剧惊险而严肃的气氛中加入了喜剧元素。此外,该剧对于负面人物的塑造也可圈可点,比如老谋深算又贪财狡诈的吴站长、心狠手辣又信仰坚定的李涯等。

二、谍战剧的艺术特点

1. 设置核心任务

谍战剧的叙事背景是我方政权力量处于不稳定的历史时期,在这段历史时期中发生了许多重大的革命事件。在谍战剧中,主人公始终身处隐秘的敌方做斗争,配合正面战场。因此,隐秘而宏大的革命事业是谍战剧的核心叙事内容。例如,《悬崖》的历史背景是20世纪30年代伪满时期的哈尔滨警察厅,主人公身处哈尔滨警察厅的特务科,面对伪满警察厅、日军等多方阵营明争暗斗,背负着巨大的心理压力。谍战剧中核心任务的设定非常重要,它决定了剧中主人公的行为选择,决定了敌我斗争的强度、具体任务的难度,尤其是主人公与对手之间矛盾的设计合情合理格外重要。虽然谍战剧形成了一定的类型化叙事:我党地下工作者深入敌人内部——主人公随时可能暴露身份——获取军事情报——消除革命败类——掩护、转移革命同志——我方获得最后胜利,但是依据谍战剧中不同的历史时期、不同的核心任务,主人公的斗争也呈现出不同的细节刻画。

2. 主人公孤军奋战

谍战剧中主人公的身份及其工作都具有特殊性。比如,同样是20世纪30年代的哈尔滨伪满时期,《悬崖》和《剃刀边缘》在革命事业宏大主题的叙事背景下,表现出了不同的风格,其关键在于主人公身份与性格设置的不同。《悬崖》中主人公周乙年龄四十岁左右,有着非常丰富的战斗经验,处事谨慎、冷静,是拥有坚定信仰的地下工作人员。《剃刀边缘》中主人公许从良是没有坚定信仰的伪满警察,他机智果敢,在情感的成长中完成了信仰的重塑。在宏大的革命洪流中,具体个人的微观命运是谍战剧细致刻画的主要内容。

主人公的特殊任务及身处险境无疑增加了故事的悬念和冲突。冲突首先表现为我方与敌方情报传递与获取的冲突,其次还表现在剧中男女主人公性格不同而引发的冲突,以及城乡之间知识文化和生活习惯的冲突。比如,《潜伏》中余则成和翠平成长环境不同,城乡之间知识文化的差异引发了冲突,《悬崖》中周乙和顾秋妍则表现为生活习惯的冲突。谍战剧往往是关于间谍与反间谍、怀疑与被怀疑、设置密码与破译密码、传递情报与截取情报的故事,这些叙事元素不是简单堆砌而成的,是通过环环相扣的悬念、此起彼伏的冲突和张弛有度的节奏交错在一起,最终成就一部优质的谍战剧。

3. 主人公完成了个人情感和信仰的成长

谍战剧往往以主人公身处险境获取情报为叙事主线,营造紧张、刺激的主体氛围,以情感发展作为副线。主人公情感或信仰的成长在与敌方斗争中完成。比如《潜伏》《剃刀边缘》中主人公一开始没有坚定的信仰,初期受情感的影响后对共产党员由衷敬佩,最后成长为拥有坚定信仰和忠诚的革命者。《悬崖》中主人公周乙从开始就有坚定信仰,在地下工作方面有着丰富的战斗经验,他在剧中完成的是情感的升华、人格的塑造。对周乙来说,身处复杂的环境中,一方面要面对配合自己工作的假妻子顾秋妍朝夕相处的真实感情,另一方面又要对深爱的妻子感情忠诚,这两者之间的悖论是对道德的检验。同样,顾秋妍深爱自己的丈夫,并在发现怀孕的时候与周乙假扮夫妻执行任务,这种职业的要求与情感的塑造同样是在危险的斗争中完成的。

《潜伏》第1集、第9集,《悬崖》第9集。

1. 在案例中是如何设置悬念的?请举例说明。
2. 对案例中两部谍战剧的人物设置进行对比分析。

任务三 理解军旅剧的概念与艺术特点

> **任务概述**

通过对军旅剧基本概念的讲述,学生可以初步了解军旅剧。

> **能力目标**

对军旅剧的艺术特点有清晰的认知。

> **知识目标**

掌握军旅剧的基本内涵和艺术特点。

> **素质目标**

使学生具备对军旅剧的鉴赏评价能力,领会军旅剧的人物创作特点。

一、军旅剧的概念阐述

军旅剧是以当代(1949年以后)军队生活为背景,展现军人以及军人生活的电视剧类型。军旅剧表现得更多的是和平时期的军人成长和军队建设,剧中展现的"战争"多为和平时期的军事演练。军旅剧有着强烈的时代特征,反映了现实中军事领域和中国军队及其所处环境的复杂性,呈现了人民军队为打赢未来战争而进行的探索、和平年代军人对自我价值的追寻、重大突发性国际事件以及其他军事生活领域的方方面面,具有很强的感染力和观赏性。

二、军旅剧的艺术特点

1. 军队的日常生活

在各种类型的电视剧中,只有军旅剧能够做到全景式展现部队日常生活、实战演练以及武器装备。因为,与大众生活世界较远的军队生活对于观众而言是神秘的,军旅剧展现的军队日常本身就是吸引观众的叙事要素,况且不同的兵种和国际事件中展现的日常颇为迥异。例如《深海利剑》以"中国新一代潜艇兵成长"为主题,塑造了海军潜艇官兵的人物形象,我国的海军建设与潜艇部队的神秘性对观众具有强大的吸引力。《维和步兵营》则聚焦利比亚撤侨事件,展现我国维和作战部队的工作和日常状态。军旅剧的创作始终紧跟时代变迁与国际局势,也真实地反映了我国的军队建设和国际地位的提升。

2. 军人的硬汉气质

军旅剧中往往通过艰苦的环境、严明的纪律、高超的作战技能等呈现军人勇敢顽强、吃苦耐劳的硬汉品质,契合了时代的要求。与其他类型的电视剧相比,军旅剧成为很多创作者刻画新时代英雄形象的首选。硬汉形象的塑造在军旅剧中突破了经典文艺所擅长的"高大全"式英雄形象,通过艰苦的环境磨炼和日复一日的军队训练,人物形象更加丰满,情感更加充沛,人性挖掘更加深刻,因此更能引起观众的共鸣和认可。比如电视剧《士兵突击》中的许三多,一方面,剧集以带有思辨性和人文性的艺术视角,采用日常生活式的叙事,讲述了普通士兵成长为侦察兵的军队历程。主人公刻画从过去描写"高大全"式的英雄形象到普通甚至处处拖后腿的小人物形象,主人公许三多的成长历程也映射出军队生活的锤炼和浓浓的战友情谊。另一方面,剧中在努力把握大众审美的基础上,重新张扬了军旅剧的阳刚之气,塑造了新时代的职业军人形象。略显朴实的"不抛弃、不放弃"不仅促进了主人公许三多的蜕变,人物身上永不言弃的生命韧性也引起了观众广泛的共鸣。

《士兵突击》第11集、第24集。

1.《士兵突击》中围绕主人公的成长可分为几个情节板块?
2.案例中"腹部绕杠"情节体现了主人公怎样的精神特质?
3."许三多""阿甘"式人物塑造的共同点是什么?

任务四 理解家庭伦理剧的概念与艺术特点

> 任务概述

通过对家庭伦理剧的基本概念和特点的讲述,学生可以初步了解家庭伦理剧。

> 能力目标

对家庭伦理剧的艺术特点有清晰的认知。

> 知识目标

掌握家庭伦理剧的日常生活叙事。

> 素质目标

使学生具备对家庭伦理剧的鉴赏评价能力,领会家庭伦理剧的艺术特点。

一、家庭伦理剧的概念阐述

家庭伦理剧是指以反映社会家庭的伦理道德为题材的电视剧,通过通俗化、大众化的表达方式展现普通百姓的生活状态和精神面貌。这类题材的电视剧往往以社会现实为背景,将社会家庭的伦理道德问题搬上荧幕,引发观众思考,一般不讲究大起大落的戏剧冲突,注重还原世俗的本真特点。

二、家庭伦理剧的艺术特点

1. 对美好生活的向往

家庭伦理剧始终是中国电视剧创作和收视的主流。一方面,剧情创作始终坚持现实主义创作风格,与现实贴近、与生活贴近;另一方面,剧中包含的家庭伦理观念与悠久的中国传统文化契合。这些观念的展开始终围绕着共同的主题——对美好生活的向往。不论是处理夫妻关系、婆媳关系还是孩子教育问题,都是为了更好的生活,积极的生活态度和向好的奋斗历程是观众所赞许的。电视剧《贫嘴张大民的幸福生活》中,主人公张大民是普通老百姓的缩影,他的幸福生活不是来自经济的富足,而是用积极乐观的态度面对生活中的困境,主人公这种对苦难的自我化解能力是现在同类型电视剧所追求和极力呈现的。

2. 日常生活叙事

家庭伦理剧基本上以普通人的日常生活为叙事主体,在日常生活中展现家庭中人与人的关系,以及个人与社会的关系,在朴素的讲述中散发出浓郁的生活气息。对于家庭伦理剧而言,要想通过日复一日的生活来讲述有趣的故事,生活细节的展现尤为重要。比如,在韩剧《请回答1988》中,拍摄场景基本上没有变化,人物命运也没有大起大落,但是通过对生活细节的处理引起了广泛的情感共鸣。

3. 顺应时代变迁的家庭婚姻问题

家庭伦理剧以探讨家庭中的婚姻问题为主要内容,随着时代背景的变化所表现的戏剧冲突也在不断变化。比如,电视剧《渴望》以夫妻双方的文化阶层不同而产生矛盾,《中国式离婚》中主要关注夫妻双方在家庭中的地位和责任的变化,《双面胶》以物质条件变化下婆媳矛盾的变化来展开剧情,《婚姻保卫战》则改变了男强女弱的传统夫妻关系,表现了女主外男主内的现代婚姻,《虎妈猫爸》主要针对孩子教育问题激发了夫妻矛盾,等等。家庭伦理剧中展现的戏剧冲突会顺应时代发展产生新的矛盾点,因此深入挖掘社会问题、引起大众共鸣的家庭伦理剧才是观众喜闻乐见的。

案 例 分 析

《贫嘴张大民的幸福生活》第2集、《媳妇的美好时代》第2集。

思 考 题

1. 案例中的人物台词是如何体现人物性格的?
2. 案例中张大民如何维系家庭成员关系,体现了怎样的伦理观念?
3. 《媳妇的美好时代》中毛豆豆如何处理与余味家庭成员的关系,与同类型电视剧相比,有什么不同之处?

任务五　理解武侠剧的概念与艺术特点

> 任务概述

通过对武侠剧的基本概念和特点的讲述，让学生初步了解武侠剧。

> 能力目标

对武侠剧的艺术特点有清晰的认知。

> 知识目标

比较和分析武侠剧与仙侠剧的艺术特点。

> 素质目标

使学生具备对武侠剧的鉴赏评价能力，领会武侠剧的艺术特点。

一、武侠剧的概念阐述

武侠题材的电视剧是中国特有的一种电视剧类型，以江湖中的侠客或义士为主人公，以描述行侠仗义与锄强扶弱的侠义精神、出神入化的武打动作和快意恩仇的江湖儿女为主要内容，常以金庸、古龙、梁羽生的作品改编为主。

二、武侠剧的艺术特点

1. 武打动作

随着电脑特效技术的发展、武打造型和道具制作水平的提高，武侠剧的制作不断强调视觉冲击。一招一式的武打动作配合电脑特效的广泛使用，最大限度地提升了武打场面的视觉效果。比如，排山倒海、刀光剑影、颠倒乾坤等描述武打场面的词语能够借助电脑特效更加具象地呈现在观众面前。

2. 江湖儿女

武侠剧在一定程度上反映了观众祈求社会公正、惩恶扬善、匡扶正义的美好愿望，而"江湖"正是一个很少受到现实因素制约的独特的叙事环境，相对独立于现实社会。在远离世俗生活的江湖中，一切错综复杂的矛盾和恩怨情仇都被简化为正与邪、善与恶的斗争，可以通过直接的武功对决来解决。在江湖中，有情有义最重要，就算没有精湛的武艺，靠着江湖中师父的倾囊相授和兄弟的帮衬也可能成为一代大侠,而那些依靠权谋、精明狡诈、歪门邪道的人则会走向毁灭的结局。

3.英雄人物

武侠剧中主人公都是伸张正义、惩治邪恶、忠奸立判、善恶分明的英雄人物。冲破传统礼教的束缚是武侠剧中主人公的行为驱动力,侠义的精神是英雄行动的理念支撑,超脱于外在束缚的精神自由对生活在现代社会的人们有很强的吸引力。古龙小说改编的武侠剧以爱情、侠义为核心,剧情奇诡神秘、悬疑迭出。金庸小说改编的武侠剧将英雄人物置于时代背景之下,个人命运与民族矛盾联系起来,主人公往往是行侠仗义、情深义重的英雄。梁羽生笔下的武侠人物充满古典韵味,改编而成的武侠剧洋溢着悲凉的诗意。

三、武侠剧与仙侠剧辨析

仙侠剧是由网络仙侠小说和网络游戏改编而成的,主要将中国古代神话传说与传统武侠小说相结合,加之以虚构的六界(人界、冥界、天界、仙界、妖界、魔界)为背景,讲述人、神、仙、妖、魔之间修炼仙术与虐恋的故事。2005年由游戏改编的《仙剑奇侠传》是国内第一部仙侠剧。自2014年以来仙侠剧呈现出爆发式发展且热度至今不减,2014年的《古剑奇谭》、2015年的《花千骨》,先后掀起了收视狂潮,到了2017年播出的《三生三世十里桃花》成为仙侠剧的扛鼎之作,关注度和好评均超越了电影版本的《三生三世十里桃花》。2018年播出的《香蜜沉沉烬如霜》占据了暑期档。武侠剧与仙侠剧的区别主要体现在以下三个方面。

首先,武侠剧与仙侠剧中的"侠",在人物形象塑造上颇为不同。武侠剧中的"大侠"风范基本上都是快意恩仇的江湖中人,没有远离世俗,属于"铮铮铁骨的荧屏硬汉"。仙侠剧中的"大侠"则是注重藏身修炼仙术的俊秀仙人,在人物关系上,仙侠剧中的女性角色往往呈现出霸气主动的形象。因此,"侠"与"侠"颇为不同。

其次,在叙事时空上,武侠剧建立在现实元素中,叙事的时空发生在真实的山川河流之间,而仙侠剧的叙事时空不受现实因素影响,通常架空现实,在虚构的时空中讲述故事。因此,一方面叙事的方式颇为不同,武侠剧按照线性叙事,仙侠剧可以"三生三世"的非线性叙事;另一方面在电脑特效上,武侠剧中基本上是武打动作的视觉效果需要特效,仙侠剧除了武打动作之外,场景也需要后期特效。

最后,武侠剧翻拍桎梏多,难出新意,仙侠剧创作的自由空间较大。目前武侠剧的市场上,创作风气略显浮躁,从剧本到拍摄,投入的精力、人力和制作水准都有限。仅有的几部热门武侠剧不断被翻拍,以至于许多经典的情节和台词观众都很熟悉,人物形象也已经固化,因此武侠剧很难翻拍出新意。相比之下,仙侠剧在人物、情节、台词等方面没有固有的设定,可供创作者发挥的空间较大,只要符合基本发展逻辑,剧情没有硬伤经得起推敲,仙侠剧的收视率和口碑都尚可。

1995年香港版《神雕侠侣》第11集、2006年内地版《神雕侠侣》第11集。

对比分析两个版本的剧集在人物形象塑造、场景设置、人物对话方面的不同特点。

任务六　理解农村剧的概念与艺术特点

> 任务概述

通过对农村剧基本概念的讲述,学生可以初步了解农村剧。

> 能力目标

对农村剧的艺术特点有清晰的认知。

> 知识目标

掌握农村剧的基本内涵和艺术特点。

> 素质目标

使学生具备对农村剧的鉴赏评价能力,领会农村剧的创作规律。

一、农村剧的概念阐述

农村题材的电视剧是以中国农村发展变迁的基本现状,广大农民的思想感情、心路历程与命运轨迹,农民与农民、农民与农村、农村与城市之间的关系,农村在经济、社会与文化转型中的巨变等为主要表现对象的一种电视剧类型。

二、农村剧的艺术特点

1. 强烈的现实主义创作风格

农村剧始终以现实主义创作风格为主导,其叙事的纪实性尤为明显。农村剧关注当下农村的生活变革,叙事情节根植于农村现实生活,将视角对准农民最为朴实的情感,真实地刻画他们的生活。纵观农村剧创作四十年,始终紧扣时代主旋律,以《老农民》(2014 年)、《马向阳下乡记》(2014年)、《平凡的世界》(2015 年)等为代表,通过城乡交流与互动来展现当代农民的积极心态与农村的崭新风貌,通过正视"三农"问题来倡导农民依靠自身的智慧和力量建设美好家园,或者通过小家庭的喜怒哀乐感知大时代的风云变幻,呈现新时代农村生活的丰富景象与农民自我成长的心路轨迹。

2. 鲜明的地域文化特色

地域文化特色是经过人民世世代代生活积累而成的,是一个地方生活方式的缩影,不同的地域有不同的文化特色,使其建筑、饮食、风俗等各个层次都散发出浓郁的地域文化气息。农村剧中幽默的、平民化的语言,尤其是方言在一定程度上能拉近与观众的距离,使观众感到亲切、自然。众多的俚语、谚语、顺口溜、歇后语的使用,在农村剧中呈现出不同地域的风俗和习惯。

3. 不断演变的农民形象

农村剧以整体的视角塑造着农民群像,农民命运的历史变迁与中国巨大的社会变革深度关联。20世纪80年代的农民形象以女性为代表,她们生活在农村受制于传统文化理念的束缚,面对现代文明的冲击呈现出忍辱负重、勤劳朴实的品质,作为民族象征与乡土化身的农民形象在面对现代都市文明时显得既憧憬又无知;20世纪90年代的农村剧呈现敢于突破传统和勇于创新的农民形象,在时代大变革面前,对农耕生活经验的失落与困惑,以及农村中功利性的人际关系予以深刻剖析;21世纪初,农村剧用幽默的方式展现公正廉洁、克己奉公的农村干部形象,以他们带领农民发家致富作为叙事主线,农民形象与土地劳作的关联相对减弱;近几年农村剧中的农民形象重新回归与土地的深厚情感,此时的回归带有历史与民族的厚重感,农民生活虽苦但不悲,较之前向往现代文明而言,农民形象更加自信。比如电视剧《老农民》通过对传统价值观念的张扬体现出农民精神的自信。

案例分析

《马向阳下乡记》第2集、《老农民》第1集。

思考题

1. 案例中,两位主人公身份的独特之处是什么?
2. 案例中,体现了农村生活的哪几个方面?

任务七 理解职业剧的概念与艺术特点

任务概述

通过对职业剧的基本概念和特点的讲述,学生可以初步了解职业剧。

能力目标

对职业剧的艺术特点有清晰的认知。

知识目标

掌握职业剧的基本内涵和艺术特点。

> 素 质 目 标

使学生具备对职业剧的鉴赏评价能力,领会职业剧的创作规律。

一、职业剧的概念阐述

职业剧真实反映了现代社会的职场特点,着重展现对社会发展有意义的从业群体所具备的专业知识和敬业精神,主人公通常是社会中某一职业的代表,拥有一定的专业技术能力,剧情围绕这一职业展开,表现该职业的日常工作流程以及所处的社会环境。职业剧通过表现主人公的个人情感变化和职场成长,展现出所从事工作的价值理念、专业理念和职业理念,塑造从业人员的精神面貌。职业剧的类型有很多,最主要的是医疗、警匪、商战、律政四大题材。现如今,职业剧成了宣传的噱头,其内核已经远离职业剧的叙事元素。职业剧最核心的要素应该是职业的"真实",即通过人物展示一个职业人真正的成长状态,描写所处的社会环境,叙述其中发生的故事。但目前的职业剧基本上脱离了现实,远离了专业性强的"职业",所以,我国职业剧的发展还需要回归本源,遵循其艺术发展规律。

二、职业剧的艺术特点

1. 真实的职场环境

职场是融合了专业知识、专业术语、工作内容和工作环境的整体空间。职业剧的主人公不仅要承担剧情发展的功能,更要呈现所在的职业生存状态。在不同题材的职业剧中,医疗题材的职场环境区分度最高,其他题材的职业剧在职场环境营造上还需进一步细化。表现职场,不只是靠主角服装、走路姿态以及表面的装饰,还需深入了解职业特性才能营造出真实的职场环境。

2. 真实的职业成长

现阶段的职业剧常被诟病的一个方面就是"主角光环力量无边"。职业剧的观众大部分都是职场人,在职业成长方面大家需求的是感同身受。如果职业剧中职业成长的呈现过分强调"主角光环",那么观众就会感到失真,没有情感共鸣。在职业剧中,职业成长主要表现在两个方面,其一就是主人公如何用职业所需的专业技能解决遇到的职业困难,从而展示自己作为职场人的专业性;其二是主人公的人际关系,以及面对职场利益冲突时的选择所凸显的职业道德和职业伦理。主人公在职场中的成长需要有专业知识和职业道德的支撑,如果职业剧没有体现出职业人的职业成长,那么就失去了职业剧的内核。

3. 专业的职业知识

职业剧之所以吸引观众,一方面在于观众对于不熟悉的职业领域的好奇,所以专业的职业知识是职业剧的必备要素之一。职业剧应该真实地展示某个职业领域的专业知识、运行规则和工作方式,也就是展现其职业特性。但是,需要注意的是展示专业的职业知识需要有恰当的方法,准确运用电视剧的影视艺术创作方法来展现是关键。比如,英剧《神探夏洛克》中,主人公在推理过程中的思维逻辑和专业知识的具象展现,不仅不会枯燥,反而使观众随着主人公的推理而兴奋和紧张。另一方面,专业的职业知识也是职业剧区分于其他现实题材电视剧的重要因素。当主人公作为某一职业领域的代表展现职业特性时,该电视剧即便情节中有家庭伦理或者爱情元素的融入,也属于职业剧的范畴。

案 例 分 析

《使徒行者》第 2 集、《急诊科医生》第 1 集。

思 考 题

1. 案例中的悬念是如何呈现的,分别有几条叙事线索?
2. 案例中的人物是如何出场的,分别体现了哪些专业的职业知识?

任务八　理解青春偶像剧的概念与艺术特点

> **任务概述**

通过对青春偶像剧的基本概念和特点的讲述,学生可以初步了解青春偶像剧。

> **能力目标**

对青春偶像剧的艺术特点有清晰的认知。

> **知识目标**

掌握青春偶像剧的基本内涵和艺术特点。

> **素质目标**

使学生具备对青春偶像剧的鉴赏评价能力,领会青春偶像剧的创作规律。

一、青春偶像剧的概念阐述

青春偶像剧以现代社会都市青少年为表现对象,主要讲述浪漫曲折的爱情故事,由青春、时尚、靓丽的明星主演。剧情内容上主要涉及青春成长阶段的情感历程,包括爱情、亲情和友情;人物设置上男女主人公都有伴随左右的知心朋友,作为面对感情困惑时的倾诉对象,或者是情感路上的阻碍。青春偶像剧中的服装和道具采用符合社会潮流的造型服饰、时尚单品、交通工具和通信工具等,属于时代的风向标。自 2014 年开始,《匆匆那年》《微微一笑很倾城》《夏至未至》《浪花一朵朵》

《班长大人》《你好,旧时光》《致我们单纯的小美好》《春风十里不如你》《最好的我们》《甜蜜暴击》等一系列青春偶像剧如雨后春笋般出现。

二、青春偶像剧的艺术特点

1. 青春期的情感

青春偶像剧的叙事主题主要是当前年轻人最为关切的青春主题,比如爱情和事业等。事实上,从最开始青春期爱情的懵懂、迷茫、躁动到爱情的炽烈,从青春的反叛、撕裂到成长,从校园的青涩到社会的成熟,每个青春的过程都是年轻人走出学校、走向社会,成为一个社会人的经历与考验。虽然青春偶像剧的叙事主题随着时代的变化而改变,但是爱情始终是青春偶像剧的底色。

2. 偶像的形象

在消费文化的时代背景下,年轻人在成长过程中喜爱那些光鲜靓丽的娱乐明星,青春偶像剧通过包装成特定气质的年轻演员与人物角色建立联系,吸引年轻观众。在表现爱情情节的剧集中,男主人公往往要在关键的危急时刻保护女主人公,并且要包容女性角色的任性,完美的男配角在爱情面前一定是失败的,但一直默默保护着女主人公。这种剧情的设置契合了广大女性观众寻求保护的观剧心理,并且会把对角色的喜爱投射到现实中的明星演员身上。

3. 时尚元素

青春偶像剧中谈论的话题、日常生活、休闲娱乐、服饰打扮以及通信工具都能够显现出当下时代的潮流趋势。比起现实主义题材电视剧,青春偶像剧更注重营造时尚、唯美的画面效果。从《将爱情进行到底》《男才女貌》到《我的青春谁做主》,再到当前的 IP 改编青春偶像剧,都采用了时尚造型师来为剧中人物进行形象设计。这些青春偶像明星在剧中所饰演的角色大都从事时装、广告、设计、IT 等白领职业,他们着名牌服装、住豪华庭院、开名车,所有衣食住行与时尚潮流相关联。剧中所涉及的时尚产品也满足了青年观众追求时尚、寻求物质满足的心理,在这种心理机制下,热门青春偶像剧中的主人公往往成为青年观众喜爱和模仿的时尚对象。

《流星花园》第 2 集、《金粉世家》第 2 集。

1. 案例中,在人物设置上男女主角、男女配角的共同点是什么?
2. 案例中,男女主人公之间的最大障碍是什么?

电视作品分析

任务九 理解情景喜剧的概念与艺术特点

> 任务概述

通过对情景喜剧的基本概念和特点的讲述,学生可以初步了解情景喜剧。

> 能力目标

对情景喜剧的艺术特点有清晰的认知。

> 知识目标

掌握情景喜剧的喜剧性人物塑造。

> 素质目标

使学生具备对情景喜剧的鉴赏评价能力,领会情景喜剧的创作规律。

一、情景喜剧的概念阐述

在里德所编的《电视、电缆和录像百科全书》中对情景喜剧的定义如下:这是一种再现虚拟真实升华中幽默一面的轻喜剧,它通常围绕家庭生活展开,每周 30 分钟的故事,分为三个小节,每小节 8 分钟(另外 6 分钟为广告),第一节创设场景,第二节矛盾复杂化,第三节喜剧式地解决矛盾。情景喜剧的故事情节通常大同小异,涉及日常事务,剧中人物具有鲜明的个性特征,且富有同情心。

在大卫·麦克奎恩所撰写的《理解电视:电视节目类型的概念与变迁》中提到了尼尔和克鲁特尼克关于情景喜剧的定义:情景喜剧指的是一种叙事性系列喜剧,长度一般为 24~30 分钟,有固定的演员和布景。1999 年,苗棣所著的《美国电视剧》中梳理了情景喜剧的六大特点:主人公和场景基本不变;题材多样化,更适合表现普通人的日常生活;情节线索一般为一条主线,两条辅线;剧中人物可以划分为常规角色、辅助角色、客座角色三种;情景喜剧具备语言魅力;场景十分重要。

情景喜剧比较通用的定义:情景喜剧是一种喜剧演出形式,经常在广播和电视上播放,一般有固定的主演阵容,有一条或几条故事线,围绕着一个或多个固定场景进行。情景喜剧常常以普通的生活场景如家庭场所等为背景,并以罐头笑声和带有现场观众为主要特色。

二、情景喜剧的艺术特点

1. 喜剧性人物

亚里士多德在《诗学》中认为,喜剧一般模仿的是较差的人物。所谓"较差",并非指一般意义上的"坏",而是指丑的一种形式,即可笑性(或滑稽),可笑的东西是一种对旁人无伤,不至于引起不适的丑陋或另类。情景喜剧中不管是小人物还是大人物都需要有缺点,不管是性格、行为习惯还是外形都要有趣味性。比如《我爱我家》中爷爷的角色,他曾身居高位,退休后仍在家人面前习惯性地使用官腔,思想观念跟不上时代的步伐;《炊事班的故事》中的人物高矮胖瘦形象各异,十分有趣;《武林外传》里风流倜傥、名声在外的白展堂却经常撒谎,曾经做过贼。这些人物身上"丑"的部分正是情景喜剧中笑点的来源。

2. 喜剧性语言

情景喜剧的创作难点就在于语言的喜剧性。情景喜剧需要语言机智、幽默,具有表现人物性格、渲染气氛、启迪思考的重要作用。情景喜剧常用妙言、警句、嘲讽语、俏皮话,以及一些陈述性的叙述和对白,因其与环境、动作或常识相违背而产生滑稽或风趣的效果。语言运用中一些是谎言、荒诞话,还有一些是模仿语,采用装腔作势或一语双关的方式来呈现,从而产生充满意趣的效果。比如,《我爱我家》中,人物对白有时调侃,有时讽刺,令人捧腹,有时发人深省,让观众在笑声有所领悟;《武林外传》中地方方言的运用为剧情增添了许多喜剧效果,佟掌柜的陕西话、李大嘴的东北话、邢捕头的山东话等,除此之外还有中英混杂的"我服了you"等俗语的运用。

3. 喜剧性动作

情景喜剧中的动作往往具有夸张、模仿、滑稽的效果,并且动作经常是重复的。比如,《武林外传》中白展堂身为"盗圣"却胆小如鼠,一有风吹草动就钻到桌子底下,唯一会的武功就是"葵花点穴手",郭芙蓉的"排山倒海"处处招摇,空有一身武功的姬无命却被毫无缚鸡之力的吕秀才"说死"。这些情节的喜剧效果是从喜剧性动作出发进行设置的。

4. 喜剧性错位

错位的表现手法在于打乱观众习以为常的心理惯性,在正常情况下展现出不寻常的特性,引出笑料。喜剧性错位主要有身份错位与性别错位两种形式。在《武林外传》中用古装人物的身份讲现代社会的故事,甚至人物的言行举止、对白等都与现代社会中的人一样。比如在"心不甘小郭拼才艺 情不愿无双走天涯"这一集中,本来严肃的比拼对决,通过戏仿台湾综艺节目《我猜我猜我猜猜猜》增添了无厘头的喜剧效果。

《我爱我家》第1集、《武林外传》第11集。

1. 案例中的喜剧性语言有哪些?试举例说明。
2. 对比分析两部情景喜剧在喜剧表现元素上有什么区别。

第三节
电视剧的发展现状与热点问题剖析

一、如何看待爆款爽剧——以《延禧攻略》《如懿传》为例

1. 大女主人设不够立体

电视剧《延禧攻略》里女主人公魏璎珞的人设看似强大,但是有皇后护、傅恒爱,皇后死了还有袁春望的支持,袁春望黑化了,皇上开始宠她,最后傅恒为救她而死。正是有这么多身份不同的人的保护才促成了魏璎珞的胜利。虽然有坎坷、有励志、有落难、有崛起,但最后的成功也来源于皇帝的爱与赐予的位分,女主角自身的成长与坚韧没有表现多少。在《如懿传》中,女主角只有青梅竹马的皇帝,没有男配角的爱慕,但是同为嫔妃的海兰默默帮她清除障碍,关键时刻的守护,宛如男配角般的存在。如懿角色的单薄在于她更多地扮演了受害者和质问者的角色,受其他嫔妃陷害而不能自保,吃苦受罪之后质问皇帝为什么不信任自己;对于宫斗剧中最关键的"斗"没有表现出过人的智慧和行动力,一直在强调她想要的是"情分而不是位分"。《如懿传》对于没有什么斗志的宫廷女主人设除了悲悲戚戚表现演员的演技之外,实在是不讨喜。

2011年,《甄嬛传》掀起了宫斗剧的热潮,"大女主"的称呼也开始受人关注。该剧关于主角甄嬛的人设更注重人物的变化,从天真无邪的少女成长为敢于谋害皇上的后宫统治者,这种成长过程的层次更为丰富。

魏璎珞面对对手始终是"脾气不好"正面反击,每一次"打怪升级"的方法都雷同,观众为主角的行动力叫好,但是在剧情的铺垫与逻辑性上还略显欠缺。面对情感,甄嬛角色的设定在亲情、爱情和友情上都有深层次的情节展现,尤其对于爱情,有暗恋、明恋到后期的虐恋,最终孤身一人。如懿面对与皇帝的爱情"只要情分不要位分",从青梅竹马的信任到帝后的猜忌撑起了整部剧,尤其是在如懿屡次受难,皇帝的处理方式以及如懿对皇帝的质问如出一辙,类似的情感消耗很容易让观众产生审美疲劳。

2000年播出的《大明宫词》在今天看来才是真正的大女主戏。两大女主角武则天和太平公主在宫廷中争夺权力,最后却没有胜利者,亲情、爱情、友情在宫廷中被权欲纷争稀释。女主角有失意落寞,也有抗争和使命感,并且独立于男性角色的价值认同,甚至是强于男性角色的设定,不需要男性角色保护和牺牲,最终完成自我的成长。

这种不依赖于男性角色的牺牲或者肯定,能够拥有独立的价值认同且有比较完整的情感发展是目前大女主人设所欠缺的。

2. 悲剧视角 vs 爆款爽剧

爆款爽剧很适合当下的互联网观剧模式,情节密集、节奏明快、打击负面角色,最终皆大欢喜。所以,慢节奏、重内心戏、悲剧视角的《如懿传》勇气可嘉。近几年,以悲剧视角讲述故事还大获成功的戏说历史剧当属 2015 年播出的《琅琊榜》。

1991 年,《戏说乾隆》掀开了戏说历史剧的序幕,也奠定了戏说历史剧采用轻喜剧的叙事基础。之后《宰相刘罗锅》《康熙微服私访记》《还珠格格》《铁齿铜牙纪晓岚》这些电视剧都是表现主角如何与对手斗智斗勇并最终赢得胜利,情节紧凑,轻松幽默,也可以说是当时的"爆款爽剧"。2000 年前后,开始集中涌现严肃的历史正剧,比如《雍正王朝》《康熙王朝》《汉武大帝》等,为了塑造帝王在政治上的雄才伟略、刚毅果敢、杀伐决断,都采用了严肃的悲剧视角叙事,无一例外地表现出主角情感上的孤独和内心的凄苦。严肃的历史正剧结束于 2007 年湖南卫视播出的《大明王朝 1566》,制作精良却收视惨淡。自此,采用悲剧视角的历史正剧再难以掀起热潮。《如懿传》采用悲剧视角讲述男女主角从恩爱相知的恋情到迷失破灭的婚姻,叙事重点不是复仇,而是情感中的猜忌与质疑,悲凉的内心戏自然缺少爆款爽剧所需的快意恩仇。

当然,《如懿传》拍摄时是按照电视台播出所需拍摄的,在场景设置、情节剪辑以及叙事创作上多少会受影响。但是,《如懿传》表现婚姻的主题设定与悲剧的结局相结合,注定与爆款无缘。

(原文 2018 年 9 月 20 日发表于微信公众号《看电视》,内容略有修改)

二、青春偶像剧创作要实现共情——专访编剧高璇

高璇的电视剧创作热情一直倾注于青春偶像剧,比如,《别了温哥华》(2004 年)表现纯爱与异国风情,《我的青春谁做主》(2009 年)中个性迥异的群体主角、调侃式的台词、代际沟通、个性与理想的命题等都契合了当时的社会风向,到了《归去来》(2018 年)从故事的讲述方式到反套路的情节,以及留学生的家国情怀也是当下时代的印证。高璇一直致力于现实题材电视剧的创作,最擅长的类型就是青春偶像剧。专访部分摘录如下:

1. 中国电视剧走出去需要做什么?

中国观众看电视剧的需求跟国外观众有差异,有不同需求。中国的观众尤其是现在视频网站上多是年轻观众,更多地追求的是娱乐化。但是欧美电视剧分层多元,有肥皂剧、喜剧,也有社会问题剧。我们不是没有能力做,是市场需求没有很多元,前几年视频网站或者手机端的电视剧播放过多地满足和迎合了观众。

2. 您认为国产剧的黄金时期在什么时候?

从 2004 年到 2012 年之间,基本是国产剧的黄金时期,从制作到观众的成熟度上更好。但是 2012 年之后从手机端看电视开始,视频网站崛起、新的资本介入。但是他们的专业性和行业操作经验及资本的成熟度都在发展过程中,一开始他们囤积大量的 IP 形成了 IP 剧风潮。IP 的作者其

实是一批不够成熟的网文作者,由他们统领内容的话肯定是迎合多于引导。

3. 您对 IP 改编是比较担忧的吗?

其实不是,我也看了不少 IP,我们不要把网文改编独立于过去的小说改编,只不过衡量适不适合改编、怎么改编、如何操作的规则改变了。电视剧制作者看有大量的读者,认为有一个大 IP 的保证,有很多粉丝就很满足,可能也就不追求制作上的精良,认为这是可以保证市场通行的保险,其实是不对的。行业的标准改变了,行业对于好的剧集和品质的要求其实是在降低。

4. 最近热播的《归去来》如何定位?

我没有办法界定《归去来》。其实我创作的青春偶像剧已经构成链条了。第一部《别了温哥华》纯爱多一点,有一些生活质感,到了《我的青春谁做主》就是家庭伦理与青春偶像剧的杂糅,是成长剧。到了这部剧《归去来》也有成长,也有家庭伦理,但是更重要的是社会价值观的选择。如果一定要有界定,那就是用青春偶像剧外衣包裹的社会问题剧。

5. 您认为成功的青春偶像剧要具备什么元素?

如果真的让观众感受到真实,从电视剧里找到青春感就可以了。所以青春偶像剧不应该界定为某一种,所有青春的感受,只要把它写到不管是纯爱的、青葱感的、成长撕裂的、还是跟社会对立冲突的,都是特别好的。

6. 您对年轻编剧有什么建议?

原先给年轻编剧的建议就是一直写,写下去。但是现在觉得这个不是一个问题。现在,哪怕我从业多年,好像拥有了别人努力很多年才有的资源,我还是觉得我们跟年轻编剧都会遇到共同的问题,那就是焦虑。因为信息时代,我们每天都能知道同龄人在做什么,得到了什么。但是当行业标准混乱的时候,在你看来明明不如你写得好的剧本也写完了,或者明明拍出来是个烂剧却能成一线编剧,这时候心里就不平衡了。

所以,年轻编剧最难的是怎么样坚信自己对于剧本好坏的标准,并且要坚持追求,然后在这个过程中每天要抵御名和利的侵蚀,我觉得这个是最难的。我们会做很多屏蔽的工作,在创作过程中要回到无欲则刚,把自己归零,回到无欲的时候。不只是年轻编剧,是所有编剧都要去注意,怎么样安静地平静地坐在电脑前开始写,不去想别人今天拿了什么奖,谁的戏开机了,谁的戏杀青了,不要去想。编剧是一个漫长的职业,着什么急,放慢心态,让自己平静,别去看别人。

(原文 2018 年 7 月 11 日发表于微信公众号《看电视》,内容略有修改)

三、现实题材电视剧的创作路径——专访导演姚晓峰

作为电视剧奖项的资深评委,导演姚晓峰曾经担任金鸡百花奖、白玉兰奖的评委。姚晓峰曾经执导过电视剧《虎妈猫爸》《大丈夫》《小丈夫》,很擅长将社会现象和社会问题融合到家庭伦理剧中展现。专访部分摘录如下:

1. 作为电视剧奖项的资深评委,近几年的电视剧呈现出什么特点?

电视剧从制作上越来越像长篇电影,制作成本越来越高。现在中国的现实题材电视剧到了一个瓶颈,都是家长里短、家庭伦理,缺少情节性。我也是这两年在突破这个事情。情节+生活,把生活揉到情节里,把情节融到生活里,才能构成一种戏剧性。

2. 情节要如何增加?

要有故事,有冲突才能形成戏剧。冲突不是简单的你爱我、我爱你,要有大的事件,要有悬疑,有案件,有生死,有起伏和波澜,因为生活并不那么平静。

3. 您曾经说过电视剧要有价值观,怎么理解?

对,价值观是核心。一个片子好不好除了故事之外还有一个更关键的就是立意,你想表达什么,通过故事想说什么。

4. 现在的家庭伦理剧有什么问题需要注意?

我原先做的电视剧比如《虎妈猫爸》《大丈夫》《小丈夫》,考虑的是立意+生活,但是现在也变了,要加上情节。但是目前国内电视剧的问题在于这三样都不具备,生活是虚假的,拍的不真实。

5. 国产剧的黄金时期是什么时候?

现在不是最好的时候,是未来吧。前两年还有些优秀剧,《人间正道是沧桑》《大宅门》《北平无战事》等,现在都没有了,跟资本冲击有关系。为什么说是未来,因为看到制作《白夜追凶》的这些人出来了。经过洗礼以后,大家也该冷静,新的力量也在出现,原先那些人也回归到创作本身,未来一定会出一些好的作品。

6. 您下一部电视剧的题材可以透露吗?

关于留学生的题材,《带着爸爸去留学》。我的出发点在于父子情,这部剧也有情节,我把大家最担心的美国发生的事情融进去了,比如校园枪击案、校园霸凌、家庭分裂等,这些对中国家长产生强烈影响的都有。我们要讨论的是为什么去留学,中国教育的出路在哪儿,什么样的教育是中国孩子最好的教育。

(原文2018年7月11日发表于微信公众号《看电视》,内容略有修改)

Dianshi Zuopin Fenxi

第二章
电视纪录片作品分析

第一节
电视纪录片的概念与发展历程

任务　理解电视纪录片的概念及发展

> **任务概述**

通过对电视纪录片的基本概念的讲述,学生可以初步了解电视纪录片的构成要素。

> **能力目标**

对我国电视纪录片的发展历程有清晰的认知,并能够对电视纪录片的发展特点进行分析。

> **知识目标**

了解电视纪录片的基本内涵和不同发展阶段的特点。

> **素质目标**

使学生了解四位世界纪录片创作大师及其创作特点,熟悉他们对现如今纪录片创作的影响。

一、纪录片的概念阐述

朱羽君教授在《现代电视纪实》中提出,电视纪录片的核心含义是要真实地记录人类的生活,以现实的原始内容为基本素材结构,它虽然可以有艺术手法,但语言本体必须保证素材的真实性和生活自身的逻辑性。钟大年教授在《纪录片创作论纲》中提出纪录片是"通过非虚构的艺术手法,直接从现实生活中获取图像和音像素材,真实地表现客观事物以及创作者对这一事物的认识与评价的纪实性电视片"。《中国应用电视学》中论述,纪录片是影视艺术中对某一事实或事件作纪实报道的非虚构节目,直接从生活中取材,以生活的自身形态来表现生活,呈现真实环境中的真人真事。

以上对于纪录片的论断不约而同地提及了"真实性""非虚构""生活的逻辑性"等关键词语。因此,综合考虑纪录片的特点,可以对纪录片下定义:纪录片是以真实生活为创作素材,以真人真事为表现对象,并对其进行合理的艺术加工与展现,以展现真实为本质,具有非虚构、非功利的审美特征,并运用真实现状引发观众思考的电影或电视艺术形式。

二、世界纪录片创作大师

被誉为世界纪录片之父的纪录片创作大师分别有罗伯特·弗拉哈迪(美国)、吉加·维尔托夫(苏联)、约翰·格里尔逊(英国)、尤里斯·伊文思(荷兰)。

1)罗伯特·弗拉哈迪

1922年6月11日,世界上第一部真正意义上的纪录片《北方的纳努克》在纽约首都剧场公映,给拍摄制作者罗伯特·弗拉哈迪带来了"世界纪录片之父"的称誉。20世纪20年代,拍摄北极或南极甚至非洲土著的探险电影非常流行,但是基本属于风光片和游记片。《北方的纳努克》第一次把镜头从风俗猎奇转为长期跟踪一个爱斯基摩人的家庭,纪实跟拍他们打猎、钓鱼、造屋、饮食、起居等生活的过程,表现他们的尊严与智慧,关注人物的情感和命运,并且尊重他们的文化传统,尤其是用长达20分钟的长镜头记录了纳努克和海象格斗的过程。从此,这类长镜头被人们认为是纪录片完整叙述事物过程的常用手法。《北方的纳努克》不仅开创了用影像记录社会的人类学纪录片类型,也为纪录片提供了一种至今仍在使用的拍摄模式。

《北方的纳努克》是罗伯特·弗拉哈迪经过20年探险,累计长达8年与爱斯摩人相处,先后6次拍摄积累而成的心血之作,是他抒发内心真情实感的自然天成之作。正如罗伯特·弗拉哈迪所说:"所有艺术都是探险行为。所有艺术家的工作最终都在于发现,换句话说,就是把隐藏的真实清晰地呈现出来。"

纳翰·格里尔逊在1962年看到罗伯特·弗拉哈迪拍摄的《摩阿纳》时,在美国《太阳报》上首次运用"纪录(documentary)"一词来形容这一类影片,"纪录片"的称谓也由此而来。

2)吉加·维尔托夫

1922年,西方的故事片大批出现在苏联的电影海报上,吉加·维尔托夫对这些虚构的电影很是反感,觉得它们是廉价的生活替代品,和宗教一样都是麻痹人民的鸦片。1922年5月,吉加·维尔托夫创办了《电影真理报》,这是一种按月发行的新闻电影,间或也出产一两部具有正片长度的纪录片,它们由火车送往各地放映。"电影真理报"这个名字来自列宁1912年创办的《真理报》(*Pravda*),它宣示了维尔托夫的一个电影理念:无产阶级电影必须以真实为基础。

1923年7月,吉加·维尔托夫以"电影眼"的名义发表了宣言《电影眼睛人:一场革命》,其中提道:"电影摄影机仍处于可怜的奴隶状态,屈从于不完美的、目光短浅的肉眼。尽管我们不能改善我们眼睛的视力,但是我们可以无限制地完善摄影机。我就是'电影眼',我创造一个'新人',我,一台机器,向你们展示一个只有我能看到的世界。我以新的方法来阐释一个你所不认识的世界。"他把摄影机比作人的眼睛,主张电影艺术家要手持摄影机"出其不意地捕捉生活",反对人为编导故事,主张用真实事件在荧幕上反映社会现实,运用多种拍摄方法,充分发挥摄影机的潜力,深入揭示人眼看不到的生活现象。但吉加·维尔托夫从不单纯地纪录生活事实,而是力求通过对素材的剪辑组织"对世界做出共产主义的译解"。

1929年,吉加·维尔托夫完成了作品《持摄影机的人》,这部经过精心剪辑的纪录片是他"电影眼"理论的直观表现,是一份以胶片的形式发表的宣言。这部纪录片对20世纪60年代末巴黎左岸以让-吕克·戈达尔和让-皮埃尔·高兰为代表的激进电影人产生了巨大影响。自1967年戈达尔拍摄《中国姑娘》以来,特别是1968年法国"五月风暴"之后,戈达尔与当时法国学生运动领导人让-皮埃尔·高兰组织了"维尔托夫小组",信奉苏联早期"电影眼"理论创始人吉加·维尔托夫的理论,要用影片作为无产阶级革命的武器;同时,"为了摄制革命电影,首先应该对电影进行革命"。戈达尔和他的小组拍摄了一系列的"政治影片",其中包括《真理》《东风》《斗争在意大利》《直至胜利》,以及《一切顺利》。

3)约翰·格里尔逊

虽然约翰·格里尔逊只有处女作《漂网渔船》和实验短片《格陵兰号拖船》,但只要谈论纪录片,依然无法避开约翰·格里尔逊这个名字。

英国纪录电影运动是一次以约翰·格里尔逊为首的有组织的纪录片摄制运动,在创作思想上受苏联电影的影响较深,尤其是吉加·维尔托夫的"电影眼"理论。与此同时,这项运动也广泛吸收了沃尔特·鲁特曼的"交响乐式"蒙太奇手法、法国先锋派的各种倾向,以及荷兰的尤里斯·伊文思和美国的罗伯特·弗拉哈迪的经验。因此,英国纪录电影运动一方面十分强调纪录片的社会意义,主张纪录片应当富有创造性地对真实生活场面进行处理,它是一种直接的宣传手段;另一方面又非常注重再现真实生活场面时进行艺术加工。

英国纪录电影运动的奠基之作《漂网渔船》拍摄了英国机器化捕鱼的过程,纪录片的内容是真实的,画面剪辑的节奏如同"城市交响曲电影",但是没有解说词,只配有说明性字幕,音乐是这部纪录片唯一的声音。英国纪录电影学派的代表性作品包括瑞特的《锡兰之歌》(1934年)、安斯戴和艾尔顿的《住房问题》(1935年)、瑞特和华特的《夜邮》(1936年)、卡瓦尔康蒂的《煤矿工人》(1936年)和泰勒的《烟雾威胁》(1937年)等,都具有典型的格里尔逊模式:现实题材、诗意表达与社会教育的完美结合,在画面构图、镜头剪辑、声画配合等方面极其讲究,这种模式被简化为画面加解说。

约翰·格里尔逊认为纪录片应当具有诗意。1932年,约翰·格里尔逊在《纪录片的首要原则》中指出,意象主义的处理手法,更明确地说是诗意的处理方法本来可以被看作是纪录片的一大进步;但是,至今尚未出现一部伟大的意象主义影片以说明这种进步的表现是什么。意象主义是指用形象讲述故事或阐明主题,就像诗是以形象叙述故事或阐明主题一样。

在第二次世界大战之后一段时间里,格里尔逊模式依然是纪录电影最重要的创作形态,如法国导演阿仑·雷乃的《夜与雾》与苏联导演米哈伊尔·罗姆的《普通法西斯》依然采用画面加解说的模式。随着技术的发展,16毫米电影胶片和轻便录音机连在一起,同期声在技术和观念上成为可能,观众更想听到纪录片里的同期声,而不是画外解说,影响纪录片将近三十年的格里尔逊模式逐步衰落。正如美国电影理论家比尔·尼克尔斯所言,作为一个以努力说教为目的的学派,它使用了显得权威味十足、却往往自以为是的画外解说,第二次世界大战后,格里尔逊模式的纪录片失宠了。

4)尤里斯·伊文思

尤里斯·伊文思有"先锋电影诗人"的美誉。1927年,尤里斯·伊文思拍摄了第一部短纪录片《齐迪奇记事》。1928年,他拍摄了表现物质机械运动的《桥》,次年完成了《礁石》和《雨》。《桥》和《雨》以其浪漫的诗意和清新的风格被公认为欧洲先锋电影的代表作。

尤里斯·伊文思的纪录片记录了20世纪世界的风云变幻,形成一部影像史诗。1932年,他拍摄了反映苏联社会主义建设的大型纪录片《英雄之歌》。回荷兰后,他拍摄完成了《新的土地》,记录了围海造田运动,并在结尾处加入了表现经济危机的新闻镜头,使纪录片有了新的思想内容。这时的尤里斯·伊文思摒弃了欧洲先锋派唯美主义,明确纪录片不仅为记录大自然的壮丽,而且要记录在历史发展中起主导作用的人。1937年,他奔赴西班牙拍摄《西班牙的土地》,这是尤里斯·伊文思第一部表现人民反对法西斯主义的大型纪录片。1938年,他经香港来到武汉拍摄《四万万人民》记录了抗日战争时期的中国。1946年在澳大利亚逗留期间,他在悉尼码头工人的协助下秘密拍摄了《印度尼西亚在呼唤》,记述澳大利亚码头工人拒绝为荷兰船只卸装运往印度尼西亚的武器等情况。1947年,他应邀赴捷克斯洛伐克访问,拍摄了表现波兰、保加利亚、捷克斯洛伐克、南斯拉夫等社会主义国家建设成就的大型纪录片《最初的年代》。1953—1954年,他在32个国家的电影工作者协助下,以密西西比河、长江、恒河、伏尔加河、尼罗河、亚马孙河这六条河流为线索,拍摄了记述沿河人民生活境况的《激流之歌》。1972—1975年,他与法国电影工作者罗丽丹一起在中国拍摄大型系列纪录片《愚公移山》。摄制组的足迹遍及大庆、上海、南京、青岛、新疆等地,拍摄了我国的工人、农民、渔民、教授、学生、解放军战士、售货员、演员、手工艺艺人等多个行业的从业者。《愚公移山》由12部各自独立的纪录片组成:《大庆油田》《上海第三医药商店》《上海电机厂》《一位妇女,一个家庭》《渔村》《一座军营》《对上海的印象》《球的故事》《秦教授》《京剧排练》《北京杂技团练功》《手工艺艺人》。1984—1988年,尤里斯·伊文思与罗丽丹多次来中国,拍摄他酝酿已久的封镜之作《风的故事》。这部纪录片被认为是尤里斯·伊文思对自己几十年艺术生涯总结式的归述,融合了他早期抒情式的电影语言、"直接电影"的手法,以及超现实主义的表达方法。该纪录片的表现手法细腻,内容虽然抽象而又晦涩,但是富有想象力和启发性,受到人们的热烈称赞。尤里斯·伊文思的纪录片创作,把鲜明的政治倾向和真实、丰富、细致的艺术表现手法统一起来,形成了自己的艺术风格。

三、中国电视纪录片的发展历程

1)政治化时期(1958年—1977年)

1949年,苏联电影工作者帮助中国制作了纪录片《中国人民的胜利》和《解放了的中国》,也把一种新的创作方法带到中国:"形象化政论"。中央新闻纪录电影制片厂原厂长钱筱璋曾经说过:"'形象化政论'一直是新闻纪录电影创作的指导原则,已经成为我们公认的创作传统。它既包含影片的内容,又标志着影片的样式。""形象化政论"是列宁同志提出的,其核心是从政治角度阐述、评论社会重大事件和现实问题的纪录片或者专题片,以解说和画面为基础,思辨性强,理论性强,通过解说和画面的有机结合阐发某种政治思想,对人民产生宣传和教育的作用。

"形象化政论"的创作方法深刻影响着这一时期的电视纪录片创作。1958年10月1日,中国第一部电视专题纪录片《中华人民共和国建国九周年》播出,采用16毫米电影胶片拍摄,片长20分钟,属于无声电视纪录片作品。北京电视台于1966年初决定拍摄关于收租院的电视纪录片,这部30分钟的电视纪录片《收租院》便诞生了。同年4月,电视纪录片《收租院》在北京电视台播出,反响巨大,4月中旬,文化和旅游部把电视纪录片《收租院》扩制成35毫米电影胶片拷贝全国城市发行,又制成16毫米电影胶片拷贝向全国农村发行,连续播放八年。

这一阶段电视纪录片的创作是在"形象化政论"的创作方法指导下,均以政治化为主导,以主流意识形态为主要的价值取向,承担着思想教育的重要任务。

2) 人文化时期(1978年—1990年)

1978年,中央电视台从日本引进了一批ENG(电子新闻采集)设备,这种由便携式摄影机、录像机构成的电子采集方式,便于声画同时取材,很快替代了原先16毫米电影胶片的拍摄方式,在解放纪录片生产力的同时也为创作者提供了更大的创作空间。1978年十一届三中全会召开前,电视纪录片《祖国各地》开播,以电视节目的形式播出,内容主要是介绍我国的山川风光、名胜古迹、民俗风情,以此传播地理、历史、文化等知识。

1979年6月,中日联合摄制了我国电视史上第一部大型电视纪录系列片《丝绸之路》,也是我国电视纪录片充分发挥电视特性的一次成功尝试。该片由于时间跨度极大、空间纵横万里、题材广泛、内容庞杂,采取了化整为零分段式的编辑、连载系列播出的方法。

《话说长江》于1983年8月至10月在中央电视台播出,该片共25集,成为继《丝绸之路》之后大型系列片的又一力作。《话说长江》是我国第一部独立拍摄、制作的长篇连续电视纪录片,首次在大型系列节目中采用固定的主持人,突破了传统画外音解说的方式,男女主持人从演播室走向拍摄现场,面对观众进行讲解,并实地采访当地百姓,与人们直接对话、交流,进一步拉近了与观众的距离。主持人在整个系列片中起到了主导贯穿的作用,使全片内容更加有机地联系在一起。

这个阶段的纪录片创作破除了思想上的禁锢,主体意识开始觉醒,政治化主题逐渐让位于社会群体性话语。对于中华民族文化和历史等宏大题材的关注成为纪录片的一大特色,带有中华民族象征意义的山川河流、民俗风情等成为纪录片价值观的最佳表现载体。比如,纪录片《话说长江》《话说运河》等都充满了浓烈的人文色彩。

3) 平民化时期(1991年—1998年)

1991年11月,《望长城》在中央电视台播出,创下了当时纪录片收视率的最高纪录,这是继《话说长江》之后又一部中日合拍的大型纪录片。该片通过对长城内外平民百姓的追踪、采访及其生活的真实记录,第一次鲜明地展现了中国电视纪录片纪实主义的个性,以其浓郁的纪实风格成为中国电视纪录片发展史上具有里程碑意义的重要作品。

与前一时期的纪录片相比,《望长城》探索出了一种新的创作思路——画面主导,尽量不带主观预见地反映客观事物的发展。用事实说话,通过客观再现长城内外各族人民生活习惯和文化风情来体现主题。声画合一的同期声,大量的自然风光,现场采访、跟拍及长镜头的运用等形成了《望长城》独特的风格。

在"记录过程、再现原生态、声画并重"的纪实主义理念引导下,1991年,辽宁电视台与宁夏电视台合作的《沙与海》荣获"亚广联"纪录片奖,随后《藏北人家》《最后的山神》《深山船家》等纪录片相继获得国际大奖,中国纪录片开始与世界对话。

1993年5月1日,中央电视台开播《东方时空·生活空间》,该栏目以"讲述老百姓自己的故事"为口号,是这一时期具有代表性的纪录片栏目。1993年7月28日,上海电视台第一个纪录片栏目《纪录片编辑室》成立,以纪录片工作室为创作基地,该栏目的收视率曾是整个上海电视台栏目收视率的第一名。

这一阶段的电视纪录片在主题上关注平凡百姓的生活,主张真实描述人们生活的原生态,用普通百姓的角度、情节化的描述来展现真实的生存状态,传递给观众的是百姓故事背后的思想、哲理,以及新的思考空间,着重表现个人与社会环境之间的复杂关系;形式上则采用以长镜头、同期声为特征的纪实美学。大量地使用现场同期声,特别是人物现场同期声,改变了长期以来只有人物画面而没有人物声音的纪录片现象。

4)市场化时期(1999年—2009年)

综观2000年以来的电视纪录片,在创作理念上挑战了纪录片"非虚构"的原则,认为纪录片可以而且应该采取一切虚构手段与策略以揭示真实,完成了从中立报道者向主动制造意义和进行戏剧性表述的参与者的角色转变。这种自由的、开放的、以切合观众接受心理为导向的创作模式广泛地应用于这一时期各类题材纪录片的创作当中,标志着中国电视纪录片在中西交融和适应市场的道路上渐入佳境。

2001年,中央电视台科教频道大胆借鉴国外纪录片的创作理念,推出了大型自然地理和人文历史类纪录片栏目《探索·发现》,成为我国第一个倡导纪录片与娱乐化元素相结合的栏目,对纪录片原有的创作理念带来了巨大的冲击。《探索·发现》栏目的纪录片特别强调叙事的故事性,其风格颇有点类似美国国家地理频道和Discovery的节目,即更加偏重于对自然地理与人文地理的探索和展示。随着中国改革开放进程的不断深入,综合国力不断提升,民族文化自信逐渐恢复。《人物》《讲述》《走近科学》等有影响的人文、科普类纪录片栏目相继登场。

除此之外,大型历史文化纪录片也开始复兴,其中代表性的作品有《故宫》《1405郑和下西洋》《大国崛起》《颐和园》《新丝绸之路》等。这些纪录片在书写历史时体现了新的历史思维,例如在《故宫》中,历史的书写不再完全局限于历史英雄人物和宏观的视角,而是选取一些小人物的命运和平民视角;《大国崛起》更是对我们固有历史观的颠覆,以往的纪录片一直控诉列强的掠夺和欺辱,但在《大国崛起》中,用一种务实的史观去探求世界大国崛起和兴盛的缘由;《1405郑和下西洋》则展示了迥异于西方扩张的血腥历史的航海史诗,郑和时代的中国真正承担了一个文明大国的责任:强而不霸、仁爱友邦、厚往薄来,它暗示了现代崛起的中国让世界历史有了另一种选择。这些电视纪录片都不同程度地运用了重现、搬演、动画等"虚构"的电影手法,尤其是3D数字动画、高清设备等新技术在纪录片创作中被广泛运用。在技巧方面,动画与实景相结合、纪实和数字虚拟技术相融合,使画面结构更形象、更生动。特别值得一提的是,这些作品往往在开始就注重市场营销,从而取得了良好的效益。

这一时期,纪录片创作表现出对受众意识、媒介意识和市场观念的关注。2002年1月,上海电视台打造了国内第一个纪录片专业频道"纪实频道"。电视媒介为纪录片提供了更大的传播空间,意味着纪录片要接受收视率、经济效益等市场因素的考验。纪录片《故宫》的创作团队在理念上突破传统,不局限于一次性的节目制作,而是把《故宫》作为一个综合产品,对其设计、生产、销售、再开发、再生产的每一个环节做出整体规划,并指导和掌握实施的全过程。2006年9月1日,美国国家地理频道开始在全球播出《故宫》国际版。截至2006年11月,《故宫》的DVD发行已超过30万套,《故宫》音像制品截至2006年年底已翻译成六种语言,在一百多个国家签约出售。

5)产业化时期(2010年至今)

2009年7月22日,国务院出台《文化产业振兴规划》,这标志着我国文化产业发展已经上升到国家战略层面,文化产业拥有了前所未有且至关重要的地位。2010年3月19日,由中央宣传部、中国人民银行、财政部、文化和旅游部、国家新闻出版广电总局、国家新闻出版总署、中国银监会、中国证监会和中国保监会九部委联合发布的《关于金融支持文化产业振兴和发展繁荣的指导意见》,有助于推动经济结构调整、经济方式转变,有助于大力发展文化产业。2010年10月,国家新闻出版广电总局发布《关于加快纪录片产业发展的若干意见》,2011年1月1日,央视纪录频道的开播被业界视为该《意见》出台的第一次具体而意义深远的实践。2012年4月28日,财政部印发《文化产业发展专项资金管理暂行办法》,设立国家专项资金,支持包含影视制作在内的文化产业发展,专项资金可以提供的支持方式包括贷款贴息、项目补助等,这将为文化产业的发展提供巨大的财政支持。但是,在电视纪录片的产业化进程中仍需政策扶持与引导。

自2010年以来,中国纪录片的创作模式出现了明显的产业化发展趋向。技术设备的升级、市场空间的扩展、媒介环境的重构促使纪录片的生存状态发生了新的变革。在这一时期,纪录片朴实、谦逊的美学风格越来越不能满足观众的审美需求,节奏明快、剪辑流畅、画面精致的视听效果成了观众的娱乐诉求。因此,故事精彩、叙事精心、视听精美的纪录片产品才能顺应时代的发展,更符合市场经济的规律。在这一背景下,涌现出诸如《舌尖上的中国》《超级工程》《本草中国》《我在故宫修文物》《风味人间》等优秀的纪录片。

中国电视纪录片的发展历程及特点如表2-1所示。

表2-1 中国电视纪录片的发展历程及特点

时期划分	政治化 1958年—1977年	人文化 1978年—1990年	平民化 1991年—1998年	市场化 1999年—2009年	产业化 2010年至今
代表作品	《收租院》	《话说长江》	《沙与海》	《大国崛起》	《舌尖上的中国》
职能	国家政治和阶级斗争	唤起民族激情	体察记录平民生存状态	关注记录社会主流现实生活	国家形象传播、国际文化交流
影响因素	政治因素	社会环境的变化	技术与观念的变化	市场因素	政策引导
服务观念	国家和阶级意识	民族和集体意识	百姓和个人意识	市场和社会责任	理性精神和国际化的创作视野
视角	敬仰	反思	平视	审视	浸入
话语权	国家拥有绝对统一的话语权	群体化的话语方式	个人化的话语方式	市场占据话语权	国家立场和产业化走向
主题	国家政治主题	民族精神主题	人的主题	多元化的主题	多元视角与主流价值的平衡

案例分析

《收租院》《话说长江》《沙与海》《大国崛起》《舌尖上的中国》。

思考题

案例中电视纪录片所处的发展历程的特点是什么,从主题、视角、职能等方面具体分析。

电视作品分析

第二节 电视纪录片的类型划分与特点分析

任务一 分析电视纪录片的类型与艺术特点

> 任务概述

通过对电视纪录片艺术特点的讲述,学生可以了解电视纪录片的艺术手法。

> 能力目标

认知电视纪录片的类型,并理解不同类型的划分标准。

> 知识目标

了解历史题材纪录片情景再现的表现手法。

> 素质目标

使学生具备对电视纪录片的基本鉴赏和评价能力。

一、电视纪录片的类型划分

按照篇幅,纪录片可以分为长纪录片、系列纪录片、短纪录片、微纪录片等;按照创作主体,纪录片可以分为媒体纪录片、独立纪录片等;按照播出平台,纪录片可以分为电视纪录片、纪录片电影、新媒体纪录片等;按照题材,纪录片可以分为社会人文类与自然科学类。社会人文类纪录片主要包括:新闻类纪录片、历史类纪录片、人类学纪录片、社会现实类纪录片等。自然科学类纪录片则主要以自然奇观、科学奥秘等为表现对象。有些国内的学者依据国内纪录片现状将纪录片分为纪实性纪录片(主要包括结论性和陈述性纪录片)、宣传性纪录片、娱乐性纪录片、实用性纪录片(主要包括实用性和认知性纪录片)四种类型。

以上类型划分都有可借鉴之处,在此,我们将电视纪录片划分为历史题材纪录片与现实题材纪录片两种类型。

1. 历史题材纪录片

历史题材纪录片将拍摄主体设定为历史事件、历史人物、历史时期以及历史现象等。由于纪录片特有的记录和档案属性,使纪录片在历史题材创作方面有着天然的贴近性和表达优势。对于历史题材纪录片而言,对过去的历史事件和人物不可能采取进行时的拍摄记录。因此,历史题材纪录片的一个核心关注点就是:历史情景如何还原,如何通过影像语音赋予历史以生动的细节。在历史题材纪录片中情景再现的方式逐渐多元,其中包括数字技术还原,比如在2006年,纪录片《圆明园》中首次采用电脑仿真数字技术"再现"了圆明园从设计到焚毁的历史进程,总片长93分钟,数字特效镜头超过110个,时长接近45分钟;《如果国宝会说话》也是采用数字技术还原国宝,赋予国宝拟人化的特征。运用口述历史的方法来构建过去的时空,也是历史题材纪录片另一种常用的艺术手法。口述历史通过对历史事件的见证者、当事人或其他知情者进行采访,以访谈的方式来采集和发掘他们对历史的记忆,以更具个性化的方式来呈现口述者所亲历的历史岁月,他们的语气、表情动作等身体语言和命词遣意本身就携带了大量的时代信息。比如在崔永元先后推出的《我的长征》《我的祖国》等系列专题纪录片中均采用口述历史的方式呈现。

2. 现实题材纪录片

现实题材纪录片以当代中国社会为时代背景,旨在聚焦平凡个体、讲述奋斗故事、深挖人生百态、关怀社会现实、传承优秀文化等现实类题材,通过纪实的风格来反映当代人的思想感情或记录中国社会发展的状况,表现宏观时代的社会百态,表达创作者的见解,传达主流价值理念。现实题材纪录片主要有三种取材倾向。

(1)关注社会重大变革、国家现代化建设成就的现实主义题材作品,比如《复兴之路》《大国崛起》《必由之路》等。

(2)关注特定阶层生存境遇和普通人生活、情感的现实主义题材作品,比如《英和白》《幼儿园》《急诊室故事》《人间世》等。

(3)关注中国传统文化及乡土文化、自然生态的现实主义题材作品,比如《再说长江》《新丝绸之路》《舌尖上的中国》《记住乡愁》等。

二、电视纪录片的艺术特点

1. 人文关怀

纪录片创作将人文关怀和人本理念作为最重要的理念。纪录片以关心人、爱护人、尊重人为出发点,反映"人"的生存环境、民俗风情、人文风貌等,从而更好地体现出对人生存状况的关怀、对人尊严的关怀以及对社会的责任。世界第一部真正意义的纪录片《北方的纳努克》就以浓厚的人文关怀而受人敬仰,罗伯特·弗拉哈迪纪实跟拍,真实地反映当时纳努克人的生活状态、环境和人文风貌等。《藏北人家》记录的则是西藏措达一家人的生活状态,整个影片传递给观众的是一种文化理念,主题是人,体现人的本质力量和生存状态、人的生存方式和文化积淀、人的性格和命运、人和自然的关系、人对宇宙和世界的思考。只有切实从"人"的角度出发,以"人"为中心,关注人的精神需求和生存状况,维护人的尊严与价值,纪录片才能真正承担起社会的责任、使命和担当。

2. 哲理内涵

纪录片除了展示生活百态之外,还需要来源于生活又不局限于生活。纪录片的创作者不局限于记录琐碎的生活,而是力图选取一种独特的视角,注目于流动变幻的人生;不满足于简单地记录一个人的生活经历,而是融入某种历史的、哲学的、人生的深入思考;不满足于构筑生动的叙事情节,而是热衷于呈现故事之外的意蕴,唤醒人在某种生存状态下种种潜在的历史思维和哲学精神。比如《龙脊》中表达了这样的主题:张扬一种坚忍不拔的生存意志,赞美一种面对贫困却奋发向上的抗争精神。《舌尖上的中国》以平民化的视角,通过美食及与美食相关的人物故事,向观众展示中国人的日常生活、人文气蕴、精神内涵。《人间世》的导演周全也表示:"我们最终并不是讲一个医疗故事,而是通过医疗故事来讲述人与人、人与社会该如何相处,人与喜怒哀乐、与生老病死该如何相处"。

3. 时代特征

电视纪录片的表达形式要符合时代要求,表达内容来源于时代发展。中国电视纪录片的发展历程有着浓厚的时代特色,从"形象化政论"到日常生活表达,从民族集体话语到个体命运呈现,其表达方式与价值引导有着重大转向,其内因就在于时代变化。以"现象级"的纪录片《舌尖上的中国》《我在故宫修文物》为例,纪录片叙事主题从宏大的国家叙事转移到普通民众的日常生活与情感上。在《如果国宝会说话》中,纪录片创作呈现了新媒体特征:解说词中出现网络流行语,剪辑方式碎片化、时长体量"短视频化"、播出平台跨媒介化。这些特征顺应了时代变化,满足了新时代观众的审美需求,引发了观众的情感共鸣。

案例分析

《舌尖上的中国》第一季第1集、《如果国宝会说话》第一季第1集。

思考题

1. 案例中两部纪录片的主题是什么?体现了怎样的艺术特点?
2. 案例中让你印象深刻的细节有哪些?试举例说明。

任务二 分析电视纪录片的解说词

任务概述

通过对电视纪录片解说词基本作用的讲述,学生可以初步了解电视纪录片解说词的作用和特点。

能力目标

对电视纪录片解说词的写作要点有基本认知。

> **知识目标**

了解电视纪录片解说词的独立性。

> **素质目标**

使学生具备对电视纪录片解说词的鉴赏评价能力并具备一定的解说词写作能力。

一、解说词的作用

纪录片中的解说词不是必备元素,尤其对于纪录片电影,往往会避免解说词的出现。但是,纪录片中一旦出现解说词,那么解说词就承担着举足轻重的作用,即使不以画外音的方式出现,比如《一个农民的抗战》中,解说词以文字字幕方式出现在纪录片中的画面上,也会起到画龙点睛的作用。

1. 提供背景信息

解说词的出现通常是单纯的镜头语言无法更深层地表达影像所要传达的意义,加入解说词能让观众注意到创作者想要表述的重点内容,并且可以提供背景信息。比如,《舌尖上的中国》第一季第1集开头的解说词:"中国拥有众多的人口,也拥有世界上最丰富多元的自然景观——高原、山林、湖泊、海岸线。这种地理和气候的跨度,有助于物种的形成和保存,任何一个国家都没有这样多潜在的食物原材料。人们采集、捡拾、挖掘、捕捞,为的是得到这份自然的馈赠。穿越四季,我们即将看到美味背后人和自然的故事。"这样的解说词讲述了整集纪录片的背景信息。

2. 融入情感元素

纪实的影像呈现出的是创作者对事物认识的客观记录,通过解说词对画面的解说,融入了创作者的情感元素。比如,《舌尖上的中国》第一季第1集中,老把头带领人们冰下捕鱼场景的解说词:"网在冰下走了8个小时,终于到了收网的时候。水底的世界被整个地打捞了起来,被上天厚爱的人群又一次获得了馈赠。令人感慨的一幕发生了。大鱼们肥美的身躯,刺激着所有人的神经,但是没有人会注意到一个细节,拉上来的网中竟然没有一条小鱼,每条鱼的重量几乎都在两公斤以上。只有老把头知道,这正是查干湖渔民心口相传的严格规定,冬捕的渔网是6寸的网眼,这样稀疏的网眼,只能网到5年以上的大鱼,这样,未成年的小鱼就被人为地漏掉了。"

3. 提炼文化内涵

由于影像的表达在现实世界面前欠缺凝练性,在需要提炼丰厚的文化内涵时,解说词围绕着画面解读出来的文化信息就显得尤为重要。比如《舌尖上的中国》第一季第1集结尾的解说词:"为期两个月的松茸季节,卓玛和妈妈挣到了5000元,这个收入是对她们辛苦付出的回报。傍晚,圣武撑着船回到岸边,他要把今天采到的莲藕用苫布盖起来。新年的第一天,石把头独自上冰。春天50

万斤鱼苗将会重新投放到湖里。老人仍然期待冰湖里的馈赠。当我们远离自然享受美食的时候，最应该感谢的是这些付出劳动和智慧的人们，而大自然则以她的慷慨和守信，作为对人类的回报和奖赏。"零碎的画面信息与分散的人物信息，通过解说词的统领变得极具深意。

二、解说词的写作要点

1. 为画面而写

在纪录片《最后的山神》中，主人公孟金福是中国鄂伦春族最后一位萨满，他和妻子丁桂琴长年居住在大兴安岭的深林中，过着鄂伦春人原始的生活。夫妻俩坚守鄂伦春人的山居生活与子女向往城市生活形成反差，尤其是孟金福带小儿子祭拜山神时，解说词说道"孟小庆理解不了父亲在山神面前那颗颤动的心，和飘进密林深处的祈祷。他看到的仅仅是一棵树。"解说词一旦脱离画面，它的结构与逻辑就显得不完整了。

纪录片中孟金福搬出桦皮船去捕鱼，他的妻子编着柳条，等孟金福坐上桦皮船之后，妻子用柳条打孟金福一下。片中的解说词为"黄昏和清晨，是孟金福出去狩猎和捕鱼的时候。夏季出猎，都是乘坐这种用桦皮制作的小船。桦皮船为十八站鄂伦春人所独有。离家之前，老伴要用柳条打他一下，这是老辈传下来的习俗。"解说词中并没有局限于这一天孟金福去捕鱼的具体事件，而是把时间扩展到他平日的生活习惯中，用"黄昏和清晨"标明了这种习惯。在描述桦皮船时，解说词为"这种用桦皮制作的小船"，"这"便体现了解说词的依附性，需要依靠画面解说。"桦皮船为十八站鄂伦春人所独有""离家之前，老伴要用柳条打他一下，这是老辈传下来的习俗"这两句解说词把简单的画面信息扩展为鄂伦春族的文化习俗，延展了其中的民俗文化内涵。

《最后的山神》解说词最后一句是"孟金福的老母亲对儿子表演萨满跳神极为不快。"如果是文学类的作品很难把这句话当作结尾，但是作为解说词只是为画面解说的话就顺理成章了。纪录片的结尾孟金福骑着马在皑皑白雪的路上行走，大远景拍摄，无解说词，呈现出了孟金福作为最后一位萨满的无助与渺小。

2. 简明扼要

解说词的简明扼要主要是语言的口语化和遣词造句的简单化。解说词的作用是让观众更好地理解影像信息，所以要追求最大程度的通俗化、口语化。但需要注意的是，解说词应尽量避免地方方言。解说词在遣词造句中还要尽量避免生僻的词语，造句也要注意断句，不宜出现复杂的句式结构。比如，《舌尖上的中国》解说词："在中国，有很多人依靠竹林生活，他们也是了解竹笋的高手。老包是浙江人，他的毛竹林里，长出过遂昌最大的一个冬笋。冬笋藏在土层的下面，从竹林的表面上看什么也没有。老包只需要看一下竹梢的颜色，就能知道笋的准确位置。"遣词造句都简单明了。

3. 信息有序释放

解说词还承担了重要信息的提示作用。因此,在众多信息释放的过程中,要注意有序释放。比如,《舌尖上的中国》的解说词:

"刚出水的大鱼正在石把头家里准备迎接除夕。依照老传统,年夜饭还是一桌全鱼宴。隆重的晚宴中,鱼是绝对的主角儿。

女婿做得一手好菜,是家里的大厨,完成全鱼宴上的14道菜,穷尽了他的全部手艺。

重头戏是垮炖杂鱼,一定要用上东北的大酱调味。先炖透胖头鱼,再依次放进几种杂鱼,混搭的感觉,像极了东北人的率性和直截。

家里的孩子陪着老人一起喝酒,辛苦的一年过去了。

鱼鲜混杂的味道,弥漫在查干湖渔村的夜晚。"

以上五段解说词都是关于鱼,但是每段的重点信息都不同,每段解说之间没有因果逻辑的紧密性和时空的连贯性,解说词的自由度得到很大的发挥。五段解说词分别强调了鱼在年夜饭中的地位、女婿的全鱼宴、垮炖杂鱼的制作过程和东北人性格的相似、一家老小过年、查干湖渔村的夜晚。在信息释放过程中,五段解说词强调了鱼对于年夜饭、个体生活、东北人性格、渔村潜移默化的影响。

《最后的山神》《舌尖上的中国》第一季第1集、《如果国宝会说话》第一季第2集。

试分析案例中电视纪录片的解说词,它们分别具有什么特点?

任务三　分析电视纪录片的叙事

> 任务概述

通过对电视纪录片叙事元素的讲述,学生可以初步了解电视纪录片的叙事特点。

> 能力目标

对电视纪录片的叙事结构有清晰的认知,并能够分析不同电视纪录片的叙事结构。

> 知识目标

了解电视纪录片的叙事视角。

> 素质目标

使学生了解电视纪录片的叙事风格,理解不同的影像特点。

一、电视纪录片的叙事结构

1. 单一递进式

单一递进式叙事结构主要用于表现一个人物一条线索，采用线性叙事，以时间为轴线，按照被记录事物的实际发展状况以及大众对事物的认知逻辑顺序等对其进行系统安排和讲述，使整部作品有明显的发展脉络，循序渐进、层层递进地揭示人物的命运、事件的发展趋势等。这种叙事结构可以凸显电视纪录片的情节发展以及逻辑内容，可以通过时间顺序以循序渐进的方式对不同的故事、人物进行呈现，进而捋顺人们的思维，强化叙事逻辑。

2. 中心线串联式

中心线串联式叙事结构是通过一个主线进行统领，将若干条叙事线串联起来，整合多个部分的内容，通过不同的角度和层面呈现同一个主题。这种叙事模式相对于单一递进式叙事结构而言，可以较为轻易地实现叙事时间和叙事空间的灵活变换。通常，中心线串联式叙事结构多用于系列纪录片当中，比如，大型纪录片《故宫》《北京记忆》等通过一条或若干条自然或人为的线索，将丰富的内容串联起来，构成一部宏大叙事的纪录片作品。在这一类型的纪录片中，线索本身并不是记录的核心，主要是为了反映主题而选择和设置的。在《舌尖上的中国》第一季第1集《自然的馈赠》中有六个叙事线索，分别从松茸（云南香格里拉）、冬笋（浙江遂昌、广西柳州）、盐（云南大理诺邓）、莲藕（湖北嘉鱼、武汉市及鄂中一带）、淡水鱼（吉林查干湖）、海鱼虾（广西京族、海南三亚、西沙群岛）这六类食物以及不同的地域和空间来解说这些美食的味道、制作工艺、背后的人情故事，最终所有的线索都归于"自然的馈赠"这一主题。

3. 板块式

板块式叙事结构是由两条或两条以上的线索同时进行，将几个相对独立的板块内容并列组织在一起，经历开端、发展、高潮、结束等几个叙事阶段，构成整体，各部分内容独立叙事，共同说明和印证主题。内容之间的连线不是事件，而是主题或情绪，通过交叉叙事加深纪录片共通的主题。面对共通的主题，这种各个线索之间的独立叙事，让主题在不同角度、不同层次得以充分展开叙述，让主题在广度和深度上更具有说服力。比如，在纪录片《沙与海》中，生活在宁夏与内蒙古交接的沙漠边缘处的农民刘泽远一家以及生活在辽东半岛一角上的渔民刘丕成一家，并列交叉展开描述，两户人家之间并不存在任何叙事上的联系，只不过是依据创作者的意图把他们排列在一起，用来展现人的生存意识和抗争精神这一主题。板块式叙事结构要面临各个独立线索的交错叙事，如何更好地整合各个线索的元素来表达共通的主题便是板块式叙事结构成功的关键。

4. 漫谈式

漫谈式叙事结构是让观众立足第一人称的角度，对事件进行分析，具有一定的代入感和体验感。这种结构的特点是真实自然,润物细无声,没有叙事技巧的痕迹。漫谈式叙事结构中场景、片段的拍摄和选取是关键,需要服务于整部纪录片的思想主题和拍摄目的。漫谈式叙事结构的纪录片"形散而神不散",用独特的主观视角来观察生活和记录生活,这种结构要求创作时选取有意义的细节,而不是简单材料的堆砌。比如,纪录片《一个人和一座城市》中以作家为主述人,以城市为叙述对象,强调将城市经验和观察转向人的内心深处,观察与回忆结合,采用了非常个人化的视角,展现作家心中的城市故事。

二、电视纪录片的叙事视角

电视纪录片的叙事视角是指纪录片中对故事内容进行观察和讲述的特定角度。

1. 全知视角

全知视角就是叙述者处于全知全能的地位,比任何人知道的都多,场景、故事、情节都处于叙述者的主宰和调度之下,对于作品中的事件发展及脉络有着清晰的认识。这种叙述视角最明显的优势在于:视野无限开阔,适合表现时空延展度大、矛盾复杂、人物众多的政论题材或者史诗性质的纪录片。采用全知视角的方式叙述宏大的历史事件,表达深刻的历史观点,对历史细节的讲述充满透视性,能给观众带来权威、可信赖的感受。在纪录片《记住乡愁》中就采用了全知视角,讲述村落的历史发展脉络,以"关注古老村落状态,讲述中国乡土故事,重温世代祖训祖传,寻找传统文化基因"为宗旨,聚焦了百多年来生活在新时代的乡民们的共同价值观,通过这些故事反映的是个体乡愁和中华民族的集体乡愁。

2. 内视角

内视角是叙述者所知道的同纪录片中人物知道的一样多,叙述者只借助某个人物的感觉和意识,从他的视觉、听觉的角度去传达一切。人物叙述自己的事情,自然而然地带有一种特殊的亲切感和真实感。叙述者可以是事件的当事人、事件的见证者和事件的探索者。其中,事件的当事人往往出现在口述历史纪录片中,当事人作为事件的亲历者口述过去的历史事件,比如《三节草》通过肖淑明老人讲述自己一生的传奇故事。事件的见证者往往是指叙述者见证了事件的变化,这种变化通过叙述者的叙述让观众感知,比如《一个人和一座城市》以作家为叙述者,展现作家所生所长城市的故事。事件的探索者作为叙述者往往出现在历史题材纪录片中,叙述者出镜面对观众讲述,探索的过程就是为观众揭示历史的过程,比如《维多利亚时代》中,主持人体验式模拟历史情境,用现实影像展示探索的过程,揭示历史的真相。

3. 外视角

外视角是指叙述者对其所叙述的一切不仅不全知,反而比纪录片中人物知道的还要少,他像是一个毫不知情的人,仅仅在人物的背后向观众叙述人物的行为和经历,叙述者无法解释和说明人物任何隐蔽的和不隐蔽的一切。外视角最为突出的特点和优点是极富戏剧性和客观演示性,叙事的直观、生动使得纪录片表现出引人入胜的艺术魅力。一方面,作为旁观者,叙述者冷静克制,多用于讲述现在进行时态的纪录片。在整部纪录片中叙述者始终以未知的身份同观众一起冷静地观察事件的发展，始终与片中人物保持距离。比如，《归途列车》中，父亲张昌华与女儿张琴大打出手，创作者始终用镜头拍摄，不介入，营造现场氛围，增加纪录片的真实性与悬念性。另一方面，外视角往往伴随着开放式的结尾，即叙述者对于叙述对象的未来命运没有交代，增加了整部纪录片的悬念性，充满悬念未知的结尾可以促进观众对表现主题的思考。比如，在《一个农民的抗争》中，叙述者并没有交代魏光财和他妻子是否会坚守在沙漠边缘的村庄，给观众留下了思考和想象的空间。《阴阳》在结尾处对于陡坡村村民的生存环境是否会改善也未交代明晰。

三、电视纪录片的叙事风格

叙事风格的确定可以说是由叙事结构与叙事视角决定的，在叙事风格上按照钟大年所著的《纪录片创作论纲》，可以简单划分为再现与表现两种风格。

1. 再现

再现叙事风格通常侧重于表现外部动作或事件发展的进程，它重视生活的运动状态和这种状态持续的过程。再现叙事风格追求的是展现生活过程，剪辑标准是时空统一，要求创作者对拍摄对象和现实生活本身有深入的了解，将真实的生活形态直接展现在观众面前，使观众真实地看到生活的固有模样，从而增强作品的真实感，给观众真切的生活感受。

在拍摄上运用长镜头增强生活真实感，展现生活的具体情况，让观众感受到一种真实的纪实美。此外，细节刻画是再现叙事风格的重要体现。实际上，任何生活描述都是真实生活细节的积累叠加。再现叙事风格的纪录片，其感人之处往往在于生动的生活细节，比如，《舌尖上的中国》在表现各个地域美食的时候，实地取景拍摄故事中的人物，使观众有了真实的心理感受，运用特写镜头和长镜头表现美食的制作过程，美食制作的细节完整地展现在荧屏上，赋予美食真实感和立体感。

2. 表现

表现叙事风格需要调动影像语言的艺术手段，集中表现某种意念、情绪、感情或思想，通过表现揭示生活中富有诗意的情感内涵，表达某种特殊的思想或意义，从自然界和社会生活的现象中选择瞬间影像，为了传达某种特殊的意义把它们组合在一起。表现叙事风格追求的是建构抽象的意象，剪辑标准是结构镜头，内容凝聚意象，需要创作者有个性化的主观创新意识。电视纪录片中的"意象"是创作者通过对所拍摄对象与表现主体的深入思考后，选择性地融入主观情绪和情感的物象，通过影像进行意义传达。

表现叙事风格的电视纪录片在整体构思和艺术表现上，不仅注重生活现状和过程的具体展现，更着重于意境的营造和挖掘，通过景与情、形与神的有机结合创造出统一而又独特的艺术境界，它给予观众的不是简单的思想主题的诠释，而是深沉的艺术审美。观众可以从纪录片的特定意境中感受生活的优美和诗景，体味人生的真谛和哲理。比如，纪录片《一个人和一座城市》中"风筝"这一意象超越了本身的意义，凝聚着作家充满漂泊感的情思。

《阴阳》《北京记忆》。

案例中两部电视纪录片的叙事特点分别是什么?

第三节
跨媒介背景下的电视纪录片创作
——以《如果国宝会说话》为例

《如果国宝会说话》是由中央电视台纪录频道制作的百集纪录片,精选100件国宝,通过每集5分钟的短片首次用文物讲文化,用文物梳理文明。入选的100件国宝沿着中华纪年的历史梳理,第一季跨越的时间为新石器时代到战国,第二季从秦汉到三国两晋南北朝,第三季为隋唐五代宋辽金夏,第四季为元明清,一共拍摄了近百家博物馆和考古研究所、五十余处考古遗址、千余件文物,旨在用极具代表性的文物定位时代属性,呈现中华文明的发展脉络。该纪录片中总导演徐欢表示,片中选择的文物都是在中国历史发展中对文明进程具有推动或改变作用的文物,是在中华文明形成与传扬中具有重要价值的文物,以及能反映生产力水平、人民创造、时代精神、文化传统的文物。文物是"文明进程"的历史定位,所以以文物为本体的《如果国宝会说话》自然会成为中华文明的视频索引。该纪录片介绍国宝信息时采用科技化的视觉呈现,通过网络化的表达方式引起观众兴趣,将现代人和国宝所在的时空建立具象联系,引起观众对国宝的好奇,并能根据纪录片提供的信息走进博物馆、图书馆,或者上网检索文物所蕴含的深刻文化含义。

1. "5分钟短视频"模式

《如果国宝会说话》是每集5分钟的文物"微"纪录片,从我国海量的珍贵文物中精选100件作为"主角",让沉静的国宝讲述自身传奇,观众由此感知文物背后的文化大世界,感受中华文明的悠久与浩瀚。这部纪录片中不是导演徐欢的首次尝试,他之前执导的《故宫100》同样是5分钟100集,还创新性地加入了大量的动画影像用以辅助叙事。但是,《故宫100》的收视率不如《如果国宝会说话》,一方面,由于2012年移动互联网尚不发达,移动终端观看视频尚未形成气候;另一方面,两部纪录片的叙事方式也颇为不同,《故宫100》是典型传统的宏观叙事,而《如果国宝会说话》摒弃渲染猎奇和神秘的悬念表述,避免高冷生僻的学术性名词,采用通俗易懂的叙事语言与观众平等对话。

每集5分钟的"微纪录",短小的体量适应了当下快速浏览、信息碎片化的视听特点。每一集的主角文物都会通过一段具体的历史呈现,比如,《如果国宝会说话》第二季第24集《击鼓说唱陶俑》中,国宝选取的是1957年四川成都天回山出土的东汉时期击鼓说唱陶俑。此俑头上戴帻,额前有花饰,袒胸露腹,两肩高耸,着裤赤足,左臂环抱一扁鼓,右手举槌欲击,张口嬉笑,神态诙谐,动作夸张。纪录片采用第一人称讲述,以说唱俑为"主要人物"讲述自己在东汉时期即2000年前的职业经历。与此同时,还与现在四川省成都地区仍存在的说唱行业相联系,类比现实的手法更加贴近实际生活,更能直接又通俗地解读出说唱俑的历史价值。

短视频的"微纪录"体量满足观众随时随地观看的需求,并强化内容的交互属性,实现了跨媒介渠道传播的思维创新。节目不再单一追求电视屏幕的收视率,更加努力寻求二次传播中对全网观众的文化影响。《如果国宝会说话》的播出和传播采取了传统媒体与新媒体交互的模式,实现了大屏、小屏、多屏互动播出,多渠道运营传播。

2. 解说词幽默生动

"你有一条来自国宝的留言,请注意查收"用语音提醒作为每集开场提示,是《如果国宝会说话》独具特色的一部分,也彰显了它的解说词与流行文化的紧密联系。将国宝与流行文化联系在一起,用深入浅出的方式进行讲述,降低了国宝欣赏的门槛,让年轻人更容易体会到国宝的魅力。例如第一季第3集《陶鹰鼎》中,介绍仰韶文化的陶塑"陶鹰鼎"时,解说词为:"它除了上古的王者之气,又同时显示出另一种很现代的气质。用当下的话说,就是萌萌哒"。第二季第7集《战国商鞅方升》中,呈现了统一度量衡中的器具之一——方升,经过岁月的洗礼已经有些斑驳,解说词"颜值不高"毫不避讳地将商鞅方升的外形概括出来,与它统一度量衡的历史价值形成反差。

有的解说词重在传递历史信息,有的在于启发思考,将历史文物与现代生活进行连接。在《如果国宝会说话》第二季第3集《曾侯乙编钟》中,与其他分集的解说词不同的是,解说词开头部分使用了1986年中国唱片总公司的解说录音,播放了过去的录音,用历史解读历史的方式使节目语言形态更加丰富。编钟本身的音色让观众体会到曾侯乙编钟所蕴含的时代价值和华夏礼乐之美的精华,同时,使用录音的方式还避免了再次使用该编钟产生的人为破坏,一定程度上减少了对文物的伤害。在第一季第12集《鸮尊》中梳理了人们对鸮(猫头鹰)的审美转变,最后一段解说词是:"从高贵,到不祥,再到呆萌,猫头鹰一直都是那个猫头鹰。但是人心,变了好多回了"。在第一季第1集《人头壶》开篇的解说词是:"你,来自泥土,头微微扬起,仿佛仰望天空。六千多年过去了,我们进食,生存,繁衍,不断进化。而今凝望着你,我们依旧在思索这一切的意义。"结尾处的解说词是:"世界各大古老文明的觉醒,大约都从人像艺术的诞生开始。这件仰韶文化陶壶,只不过是大地留下的亿万张迷惘的面庞之一……那些古人参照自身捏造出的形象,比他们的制作者拥有更漫长的生命,与大地同寿,至今容颜清晰。我们凝望着最初的凝望,感到另一颗心跨越时空,望见生命的力量之和。六千年,仿佛刹那间,村落成了国,符号成了诗,呼唤成了歌。"《陶鹰鼎》中的解说词:"为了成就一件完美的陶器,匠人们需要等,等土干、等火旺、等陶凉。今天的我们,总感叹生活太快、时间不够用时,六千年前古人就已经教给我们,如何与时间融合,如何与时间不较劲"。这些解说词都十分幽默、生动,十分形象地讲述了国宝的文化内涵。

3. 微观视觉呈现

在文物的视觉呈现上，《如果国宝会说话》的创作者率先采用了3D扫描技术和数字传拓技术等来自考古科学研究领域使用的尖端科技。在第一季第14集《何尊》中，节目组用3D扫描技术进行质地还原，复现了何尊当年金光夺目的原貌。何尊内部122个字的铭文，则是通过数字传拓技术一字一字清晰的显现。在第一季第17集《三星堆青铜神树》中采用了3D扫描技术进行还原，并制作了令人震撼的神树"生长"效果动画，为了给观众提供直观的感受，创作者还制作了青铜神树的三种状态：普通的、拓片效果的、二者叠加的。在最后一个镜头里，把拓片影像和神树影像重合在一起，神树本身的纹理就更为清晰可见了。

在《如果国宝会说话》中运用了很多动画形式解释说明、还原场景。在第一季第9集《殷墟嵌绿松石甲骨》中，甲骨文"动"了起来，演绎商人一天的生活。"人"叉上发簪变成"夫"，出"门"打猎，在森林里用"箭""射"向"鹿"，"鹿"咀嚼的动作像羊驼，被射中还会叹气。射箭那一段演绎还配上了激昂的背景音乐，赋予了甲骨文生动的形象。在第一季第10集《后母戊鼎》中用动画展现了后母戊鼎几种可能的制作过程，以及在第一季第24集《错金银铜版兆域图》里，用动画呈现了帐篷的折叠结构，还有一些辅助性的视觉呈现。在《人头壶》中，为了呈现仰望星空的视觉效果，传递时空的悠久和苍茫感，视效导演汪隆表示："其实星星闪烁的频率、星空转的速度，都经过了仔细的微调。流星划过的时候，人头壶的脸庞会微微亮起来"。这些动画的使用，更加直观地呈现了国宝深藏的历史价值。

传统的文物类纪录片中，大多提供材质、年代等基本历史信息，视觉呈现也庄重威严。《如果国宝会说话》则开创了文物类纪录片的全新形式，运用跨媒介的创作思维，适应互联网时代的碎片化传播方式，与流行文化相契合，吸引了更多年轻人关注历史文物。

第三章
电视新闻作品分析

第一节
电视新闻的概念与发展历程

任务 理解电视新闻的概念及发展

> **任务概述**

通过对电视新闻基本概念的讲述,学生可以初步了解电视新闻。

> **能力目标**

对电视新闻的发展有认知,并能够理解现今电视新闻的样态。

> **知识目标**

了解电视新闻的特点。

> **素质目标**

使学生对电视新闻具备基本的鉴赏评价能力。

一、电视新闻的概念阐述

何为新闻?根据陆定一提出的定义:新闻是新近发生的事实的报道。雷跃捷在《新闻理论》一书中认为这一定义局限在报纸媒介上,如果考虑广播与电视等电子传播手段,对事实的报道就应当考虑现场直播。因此,"新闻是新近或正在发生的事实的报道"。

1990年7月,由中国广播电视学会电视学研究委员会和中央电视台研究室牵头,组织电视新闻理论者和实践工作者,根据电视新闻进行了科学的分类与界定,并对电视新闻有关条目作了界定。经过多次认真修改、探讨,对电视新闻作了如下定义:电视新闻是以现代电子技术为传播手段,以声音、画面为传播符号,对新近或正在发生的事实通过电视媒体进行报道。这一定义体现了四点:新闻必须是新近发生和发现的事实;新闻所报道的事实须是有价值的;新闻是对事件的报道;电视新闻是运用现代电子技术,通过电视屏幕,结合声音与画面,形象地向观众传递新闻信息的一种手段。总之,电视新闻是电视上各种新闻性内容和新闻报道形式的总称。

二、电视新闻的发展历程

电视新闻在我国的发展深受我国政治、经济、文化与技术发展的影响。1958年5月15日,北京电视台第一次自办新闻节目,播放的是4分钟的《图片新闻——东风牌小轿车》,也标志着我国电视新闻诞生了。按照郭镇之梳理的中国电视史,《图片新闻——东风牌小轿车》为中国的第一条电视新闻,虽然没有完全发挥电视影像传输的优势,但是已经具备了电视新闻的鲜明特征。对于电视新闻的传播而言,主要由采制、播出、传输覆盖、接收等环节构成,这些环节的变化与更新都会影响电视新闻事业的发展。根据所受因素的变化,我国电视新闻的发展可以分为五个阶段。

1. 第一阶段:政治传播与小众传播

1958年,北京电视台成立之初,大多数节目都是采用现场直播或实况转播的方式播出。电视新闻是使用16毫米电影胶片摄影机拍摄的,这种摄影机拍摄时间短,拍摄的素材必须经过冲洗、剪接后才能使用,很难保证新闻的时效性。由于初创期自采电视新闻的能力比较弱,难以满足日常播出的需要,所以中央新闻纪录电影制片厂的《新闻简报》就成了电视新闻节目的主要来源。此外,中央和地方电视台的《图片报道》是将新华社的新闻图片分切组合加上解说作为电视新闻节目播报;《简明新闻》则由播音员口播文字新闻,类似广播新闻的电视化呈现。这一阶段,对于一些重大历史事件、外事访问、体育赛事、典型人物等素材,中央和地方电视台都以新闻片和纪录片形式做了真实记录,但这种用电影方式拍摄的电视新闻整体上缺乏时效性和形象性。虽然北京电视台开播后,各地也相继开办电视台和广播电台,但在省会城市才能接收到电视节目。由于电视机售价昂贵,普通百姓购买电视的经济能力有限,电视新闻的传播范围相对来说属于小众传播。

2. 第二阶段:电视新闻时效性提升,播出范围扩大

中央电视台自1978年12月起,开始使用电子新闻采集设备,录制的新闻节目两到三个小时后即可播出,大大提高了新闻的时效性。电视新闻的内容开始丰富多样,先进的电视新闻采制、传输技术和设备开始出现,电视机成为热销的家电产品。1979年,全国只有485万台电视机,1982年已经达到2761万台,电视成为名副其实的大众传播媒介。1978年8月1日《新闻联播》正式开播。1980年7月12日《观察与思考》开播,这是中国电视新闻史上首个以固定节目形式播出的电视新闻评论节目。20世纪80年代初,"信息"概念引入了新闻界,由此引发了一系列争论,比如,新闻媒介的首要功能究竟是传播信息还是宣传?没有或无法体现宣传意图却是社会需要的信息,媒介应不应该传播?通过讨论,"新闻即宣传"的传统观念受到冲击,凡是有价值的信息都可以报道。电视新闻从结构到内容都因此发生了巨大变化,电视新闻宣传的领域拓宽,从单一的政治思想领域走向经济工作、人民生活、科学文化等各个领域。1983年,第十一次全国广播电视工作会议在北京召开,会议提出了两个方针:一是"四级办广播、四级办电视、四级混合覆盖"的事业建设方针;二是"以新闻改革为突破口,开展多种经营"的产业发展方针,在确立新闻主体地位的基础上,进一步倡导"扬独家之优势,汇天下之精华",以改革电视新闻的传播方式。80年代中期开始,中央电视台先后开办了《午间新闻》《晚间新闻》《早间新闻》等不同时段的电视新闻栏目。

3. 第三阶段：电视新闻进入大众传播阶段

随着电视逐渐成为大众传播中位居首位的媒介，电视新闻的社会影响力也越来越大。这一阶段，ENG 设备的投入使用已经在我国大多数电视台普及，极大地提高了新闻采集效率。同时，ENG 设备也开始在社会上普及，使电视新闻拥有了庞大的业余通讯员网。1990 年，中国的电视覆盖面提升至 78%，1992 年，国内行政区域性的有线电视台开始联网。20 世纪 90 年代以后，随着改革开放的进一步深化，国际交流日渐频繁。被誉为"杂志类新闻节目的鼻祖"的美国哥伦比亚广播公司的王牌栏目《60 分钟》如日中天，其制作的形态模式成为美国以及世界各地电视媒体争相模仿的样本。受《60 分钟》的影响，中央电视台在借鉴与模仿其结构模式的基础上进行了本土化改造和创新，1993 年 5 月 1 日，《东方时空》的开播标志着我国的电视新闻镜头开始对准老百姓的生活，叙事视角开始平民化。随后，还开办了其他同类型的电视新闻栏目，其中《东方之子》侧重人物专访；《生活空间》发展为很有纪实特色的纪录片栏目，尤其是"讲述老百姓自己的故事"的口号，语言深沉、含义悠远；《焦点时刻》则在针砭时弊中颇有锋芒，它的成功直接推动了《焦点访谈》的诞生。《东方时空》和其他同类型栏目的走红，培养了中国观众对电视新闻的收视习惯。

4. 第四阶段：电视新闻传播数字化、直播化

数字技术、卫星技术给电视新闻的传播带来了翻天覆地的变化，特别是数字技术对电视新闻传播的各个环节都产生了巨大的影响，电视新闻的采制、播出、传输覆盖和接收都进行了数字化调整。数字技术使新闻的采摄设备更加轻便化、小型化，数字信号在反复复制、转录、传输的过程中几乎没有损失，这大大提高了节目制作的质量和传输的效率。1997 年被称为"中国电视直播年"，日食现象、香港回归、小浪底工程大坝成功合龙、三峡水利枢纽工程实现截流等热点事件都进行了不同时长的直播。此时，现场直播除重点呈现现场实况信息外，还适时穿插相关的新闻背景、记者连线、专题报道、人物访谈等，与现场信息有机结合，使新闻事件更加立体化、全景式的呈现，形成了多元融合的直播形态模式。进入 21 世纪以后，重大事件的电视直播报道不仅成为常态，而且成为电视观众的期待。2003 年 5 月 1 日，中央电视台新闻频道试播，7 月 1 日正式开播，实现了全天 24 小时不间断地进行新闻报道。

5. 第五阶段：电视新闻进入融媒介时代

新媒体不仅拓展了电视新闻的传播渠道，而且有助于推动电视新闻在自我革新中向优势领域发展。因此，为适应新媒体时代受众消费习惯和消费行为的变化，电视新闻借助媒介融合的发展契机，努力通过与新媒体深度融合革新传播方式，优化节目形态模式，最大限度地满足受众的信息接受需要和消费需求。媒介融合的大背景下，人们对于信息的认知发生了巨大的变化，这对媒体传递信息的方式产生了直接的影响。微博、微信、新闻客户端、QQ、BBS、移动直播、短视频等，这些新媒体了对电视新闻的制作与报道提供了便利。电视新闻最重要的时效性在于对国内外热点新闻事件的快速跟进，对重大会议、活动和公共突发事件的"零时差"直播报道，这些新媒体的加入无疑增加了新闻报道的效率与展现层次。电视新闻要想持续发展下去，就必须不断求新，通过优化选材、结合新媒体的传播方式和技术更好地服务大众，正确引导舆论，促进社会发展。

三、电视新闻的艺术特点

电视新闻专业性较强,在实际操作中具备独有的特性。电视新闻具有音画结合形象生动、现场感与参与性、影响力广泛等特点。

1. 音画结合形象生动

电视新闻以最大程度还原事实真相为准则。电视以图像、声音、文字等符号直接作用于观众的感知器官,便于观众接受。新闻的真实性也在电视新闻的镜头下、音画传输中得到了体现。比如,中央电视台的《焦点访谈》在新闻报道中,通过镜头运动的推拉摇移、长镜头呈现景深的空间结构,以及特写镜头强调细节的使用,将人物的内心世界巧妙地展现在观众眼前。曾有一期节目揭露执法办案人员在办案中徇私枉法,当记者采访当事人时,当事人表面上看似镇定自若,但镜头对准他的手时,观众可以看到他的手正在颤抖,这一个细节,就真实地反映出当事人试图隐藏什么又不可言说的内心世界。这一个画面的精准捕捉是任何文字都不能替代的,使观众直截了当地明白画面所表达的内涵。电视新闻音画结合,更能突出细节,可以更加生动、深刻地体现事件的实质,揭示事件意义,也更能引起观众的共鸣。

2. 现场感与参与性

电视新闻的时效性就决定了它所具有的现场感。曾有学者直言"现场意识是制作电视新闻的关键要素"。而且,科技的进步保证了电视新闻的参与性。这些对于电视媒介而言也是重要的特点与优势。随着民众新闻素养的提升,新闻的制作不仅局限于专业的新闻记者,还出现了许多新媒体记者。这一趋势进一步增强了电视新闻还原事实真相的能力,也提高了民众对于电视新闻制作的参与度。

电视新闻体现现场意识最重要的两个环节:第一,记者要到达现场;第二,拍出的新闻要有代表性。随着现场报道和直播技术的发展,现场直播是现在的电视新闻报道十分重要的播出模式,具备现场感和参与性也成为今天电视新闻所追求的目标。

3. 影响力进一步扩大

面对新媒体的强势发展势头,网络新闻随之出现,使得新闻信息的数量大大增加,呈现出海量的新闻信息。2016年,牛津词典将"后真相"(post truth)评选为年度词,用以描述"雄辩胜于事实,立场决定是非,情感主导选择"的时代景观,社交媒体中虚假新闻泛滥、主流媒体公信力丧失是"后真相"在媒介领域的主要体现。新媒体已不仅是我们日常获取资讯的主要渠道,每个个体都是信息发布站,有大量误导性的内容在被迅速传播,因此,作为传统媒体,电视新闻在新形势下正进一步扩大影响力,增强公信力。

"2019年全国两会报道"。

案例中运用了哪些媒介方式报道新闻?

第二节
电视新闻的结构分析

任务　分析电视新闻的结构

> 任务概述

通过对电视新闻基本结构的讲述,学生可以初步了解电视新闻的结构。

> 能力目标

对电视新闻的标题有基本的认知,并能够对现今电视新闻的标题进行评析。

> 知识目标

了解电视新闻正文的结构。

> 素质目标

使学生对电视新闻结构有清晰的认知,并具备鉴赏评价能力。

一、电视新闻标题

电视新闻标题是新闻标题在电视媒介的传播形式,用于简短概括、准确评价新闻内容,往往处于新闻画面的起始画面或伴随电视新闻播出位于画面下方。电视新闻标题的特点体现在新闻与电视的结合上,新闻要求真实,电视要求大众化。因此,电视新闻标题的写作就要求真实准确、贴近群众、形象生动。

1. 真实准确

电视新闻标题需要概括和提炼新闻内容中最为重要的部分,这需要记者具有高度的概括能力,提炼出精要,用词贴切恰当,切忌夸大其词、辞藻华丽、用词失真。比如《新闻1+1》2019年11月26日播出的《家暴,如何让沉默者不再沉默?》,从标题可以看出新闻内容是关于"家暴",也就是新闻的报道对象,"如何让沉默者不再沉默"准确地表达了这一期的核心问题。电视新闻的标题需要准确表达,避免歧义和误解。

2. 贴近群众

电视新闻要贴近实际、贴近群众、贴近生活,作为电视新闻关键要素的标题更要在内容和形式上贴近群众,因此在遣词造句上应该考虑群众的喜好与接受程度。比如,第24届中国新闻奖电视消息类一等奖的作品《超强农民:1=190》,这条消息用醒目的字眼和数字为题,抓住合作社年终分红的新闻事件,以生动的电视语言,展示了仁发现代农业农机专业合作社在土地流转、规模经营、规范运行等方面取得的成功经验。2019年7月26日,《新闻联播》播发国际锐评,题目是《美国是全球合作发展的绊脚石》,指出美国某些人"满嘴跑火车""怨妇心态"等。7月27日,《新闻联播》在《美国应该先治治自己的"人权病"了》的锐评中提道:"人权"只是美国人权状况越来越恶劣的一块"遮羞布"。如今的美国,连这块"遮羞布"也基本上给弄丢了。"裸奔"中的美国政府还有什么脸面以"人权卫士"对别国指手画脚呢?《新闻联播》对语言风格的改革,主要体现在与普通群众的贴近上,除了语气更加亲切自然外,还大胆地使用了俗语和网络语言,少了套话,多了大众化的语言。

3. 形象生动

电视新闻充分发挥了电视的优势与特长,在报道新闻的过程中形象直观地传播信息,在新闻标题上也更应当考虑形象性。比如,在《新闻调查》2012年8月25日《会呼吸的河道》节目中,标题中的"河道"无疑是新闻内容的主体,河道是指秦皇岛护城河,位于秦皇岛市海港区,是重要的城市生态廊道及城市窗口。护城河的设计运用了自然生态的设计手法,将植被串联起来,用木栈道创造大量的亲水平台,将护城河打造成城市重要的线性开发空间,为当地居民提供了一个宜人的游憩环境。"会呼吸的"形象具体地形容了节目中的河道特征,显得十分生动。

二、电视新闻导语

导语也称为电视新闻的引子,是电视新闻的第一句话或第一段话。在电视新闻节目中,导语往往以主持人在主播台前以口播的形式出现。导语往往承担着电视新闻的吸引点与重点提要的作用。导语写作需要短小精悍,具体来说就是关键信息放首位、表达方式采用主动语态、多用短句、叙事方式多元结合等。

1. 关键信息放首位

关键信息即新闻事件中的事实真相、人物、时间、地点等关键要素。电视新闻报道中观众最为关心的是新闻事件内容。因此，应当将关键信息放在导语的开端部分。

2. 表达方式采用主动语态

在主动语态中，谓语的动作源自主语而施加于宾语。相反，在被动语态中，主语是谓语动作的接受方。主动语态适用于新闻报道语序，因此，在电视新闻导语中需要强调话语中的主语，也就是需要观众所关注的对象。

3. 多用短句

导语的句子结构简洁，有利于主持人或评论员的播报，在表达方式的传播效果来看也具有权威性，适用于口语传播。因此，电视新闻的导语要简洁、凝练，用简洁凝练的文字来讲述新鲜有趣的事物，在简洁的同时还要兼顾突出，不能只注重文字的简洁和文采而忽视了重点的突出。

4. 叙事方式多元结合

导语的叙事可以采用反常信息、反问、悬念设置等方式。反常信息叙事是指从完整的新闻素材中，提取违反常识的新闻信息，吸引观众关注新闻事件，这一叙事方式需注意真实性的原则。反问叙事方式是用疑问的形式表达确定的意思，从而加重语气、强调观点的一种修辞手法；反问是只问不答，观众可以从反问形式的导语中领会新闻报道想要表达的意思。悬念设置是电视新闻报道中常见的叙事方式，让观众对未知新闻信息的发展变化持有一种期待，这是吸引观众眼球的重要方法。

三、电视新闻正文

电视新闻正文是对电视新闻导语的深化和补充，对导语中涉及的新闻要素做进一步的注释和充实，对导语中没有涉及的新闻要素做深入的报道和说明。电视新闻正文是电视新闻的主体，由于新闻体例的独特性，制作时需要特别注意电视新闻正文的叙事结构。电视新闻正文的叙事结构大致分为四种：按照逻辑顺序展开的结构、按照时间顺序展开的结构、"华尔街日报体"结构以及混合式结构。

1. 按照逻辑顺序展开的结构

逻辑顺序是指新闻事件的内部联系及人们认识新闻事件的思维顺序。新闻事件的内部联系包括因果关系、层递关系、主次关系等；认识新闻事件的思维顺序则指由浅入深、由外到内、由具体到抽象等过程。

2. 按照时间顺序展开的结构

按照时间顺序展开的结构是指按照新闻事件发展的时间先后来讲述新闻，如说明生产技术、历史发展、文字演变、人物成长、动植物生长等题材的新闻。时间顺序可以让观众了解事件历时性的发展，了解前因后果。

3. "华尔街日报体"结构

"华尔街日报体"结构是美国《华尔街日报》惯用的一种新闻正文写作方法,主要适用于非事件类题材的叙述。其基本特征:首先以一个具体的事例(小故事、小人物、小场景、小细节)开头;然后再自然过渡进入新闻主体部分,将所要传递的新闻大主题、大背景和盘托出,集中力量深化主题;结尾再呼应开头,回归到开头的具体事例中,进行主题升华。这种结构从小处落笔、向大处扩展,感性、生动,符合人们从具体到抽象认识事物的过程。"华尔街日报体"结构一般由四个部分组成:第一部分,人性化的开头,与新闻主题有关的故事;第二部分,过渡,从故事与新闻主题的交叉点切入,将真正的新闻内容呈现到受众眼前;第三部分,展开,集中而又有层次地阐述新闻主题;第四部分,回归故事,重新将故事引入新闻,交代故事与新闻主题的深层关系。"华尔街日报体"结构可总结为DEE:description(描写)、explanation(解释)、evaluation(评价)。

4. 混合式结构

混合式结构是指综合以上所述的三种叙事结构,按照新闻事件的发展以及新闻报道的类型转换叙事方式,混合运用多种叙事结构。

任选一期《新闻联播》。

分析案例中电视新闻的结构特点。

第三节 电视新闻的类型划分与特点分析

任务一 分析消息类电视新闻的类型与特点

> 任务概述

通过对消息类电视新闻基本概念的讲述,学生可以初步了解消息类电视新闻。

> **能力目标**

对消息类电视新闻的类型划分有清晰的认知。

> **知识目标**

了解消息类电视新闻的基本特点。

> **素质目标**

使学生具备对消息类电视新闻的鉴赏评价能力和基础写作能力。

一、消息类电视新闻的概念阐述

消息类电视新闻往往是在新闻事件发生的第一时间,以较为精炼的文字选取多样化的题材、新鲜而又引人入胜的内容来报道国内外、省内外新近正在发生的新闻事实。消息类电视新闻要迅速、简要、准确地报道新近发生、发现或正在发生的新闻事实,是电视新闻的主体,是电视台播出国内外要闻的主要方式。消息类电视新闻着重报道新闻事件中的何时(when)、何地(where)、何人(who)、何事(what)、什么原因(why)以及如何发生(how)等关键元素。

二、消息类电视新闻的类型划分

消息类电视新闻的结构多采用经典的倒金字塔结构。倒金字塔结构简言之就是先重要信息后次要信息的顺序,它以事实的重要程度或受众关心程度依次递减的次序,把最重要的写在前面,然后将各个事实按其重要性依次写下去,犹如倒置的金字塔或倒置的三角形。因此,在体例简短的消息类电视新闻中,导语部分需要把新闻中的关键内容引导出来。按照消息类电视新闻的时长来划分,可以分为短消息和长消息。

1. 短消息

电视新闻短消息是指时间长度在 1 分 30 秒以内的新闻作品,往往是截取重要新闻事件的关键环节。比如,第 24 届中国新闻奖电视消息类二等奖的获奖作品《南矶湿地启动"点鸟奖湖"新尝试》,时长 1 分 30 秒,消息内容如下。

导语:为保护越冬候鸟,鄱阳湖南矶湿地首创"点鸟奖湖"活动,湖里有多少鸟就按每只一元奖励给渔民,让当地渔民自觉参与到保护候鸟的行列中来。

解说:一大早,南矶湿地的十几名鱼塘承包户和来自全国各地的专业观鸟队伍分组走进各个湖面开始点鸟。

同期声:(专业观鸟员 杜斌)"这是专业的观鸟镜,以 50 米作为一段,每段多少只鸟,再乘以总的段数就是一个鸟群总的数量。"

解说:按照"点鸟奖湖"政策,这次承包户们总共获得了 20 多万的奖励。南矶湿地是水鸟的重要越冬地。由于没有湖泊权属,保护区不能自主调控水面保证候鸟的栖息环境。而当地不少渔民为起鱼方便,原来这个时候早就把鱼塘放干了水,缩小了候鸟的活动空间。而"点鸟奖湖"就为解决这种"人鸟"争食的矛盾探索了可行的路径。

同期声:(南昌大学生物学基础实验中心主任 葛刚)"今年留了这么多水没想到,你看水一留下来,天鹅也来了,白鹤也来了,候鸟种类就多了。"

同期声:(南矶湿地保护区管理局局长 胡斌华)"以前渔民经常赶鸟,他觉得鸟多了会把水搅浑,会让水面缺氧,会造成鱼的死亡,但是我们有了这个活动呢,他对鸟就觉得:哎呀,这是我的鸟,你们千万别赶走了,这个人鸟关系改善了。"

解说:据了解,明年1月份"点鸟奖湖"活动还将举行一次,到时候每只鸟的奖励将增加到两元。

同期声:(南矶乡北深湖领奖代表 谢钦栋)"(保护候鸟)更加积极,更有动力。"

同期声:(南矶乡洪利村村委会主任 万祥兴)"老百姓都意识到了,这个保护人人都有责,保护了候鸟也给自己增加财富。"

解析:短消息中标题真实准确,"点鸟奖湖"形象生动地说明了南矶湿地的新政策。导语中用58个字说明了新尝试的原因、内容以及目的,简练明确地呈现出新闻最重要的部分。正文部分由解说开始,"一大早"具有口语化、亲近感和现场感,描述了新闻现场。新闻中分别采访了专业观鸟员、专家学者、政府职能部门以及民众代表等,从不同角度说明了候鸟保护新尝试的意义,解说词将新政策的实施背景及社会意义进行补充呈现。整个新闻的叙事结构采用了典型的倒金字塔结构。

2. 长消息

电视新闻长消息指的是消息类新闻中时长1分30秒以上4分钟以内的作品,它相比于短消息不单是时长增加的区别,而是时长增加势必导致长消息在内容、表现形式方面区别于短消息。比如,第24届中国新闻奖电视消息类一等奖获奖作品《廉价蒲草"编"出亿元淘宝村》,时长3分56秒,消息内容如下。

导语:我省的博兴县湾头村生产一种很有地方特色的产品,在淘宝网上一年的销售额超过1个亿。这个偏僻的乡村是怎样搭上了网络经济的快车?到底又是什么东西这么抢手呢?双十一这一天,记者来到了湾头村,感受庄户人的网络狂欢。

同期:(工作场景)

画外:时针刚刚滑过零点,博兴县湾头村的村民安宝康就开始了一夜的忙碌。

同期:(博兴县湾头村村民安宝康)现在又一笔,六笔。

画外:安宝康是淘宝网"华康工艺"网店的老板,为了双十一,他包邮、让利,拿出了最大的优惠。

同期:(安宝康的妻子)一边干着活,一边看着网店。嗯。要不打不完了,打包。

画外:湾头村紧邻博兴麻大湖,盛产芦苇和蒲草,村民就地取材,手工编织成实用的器具。这种流传600年的手艺,让一个80后看到了商机。四年前,安宝康从湖北工业大学毕业后,一门心思开起了网店。

同期:(安宝康的母亲)气得我不给他做饭。在家卖吧。你卖一天也卖不上件,吃啥?喝啥?

同期:(安宝康的父亲)上学为了啥来?不就是为了有出息?来家有啥出息。

画外:父母觉得这是不务正业,坚决反对这看不见摸不着的生意。安宝康就偷偷地干,最初网店信誉低,一连十几天都不开张。

同期:(博兴县湾头村村民安宝康)刚开始这些货,都攒下很多,卖不出去。

画外:好不容易熬来了一单生意,但新的问题又来了,物流跟不上,只能到博兴县城发货。

同期:(博兴县湾头村村民 周曙光)你走不出货去,发货很是问题,很头疼。

画外:看到安宝康和村里其他淘宝店主都遭遇了物流瓶颈,湾头村村委决定吸引物流公司入驻,谁来村里就免除一年水电费,免费提供一间库房。

同期:(博兴县湾头村村委书记 安江民)他们看到我们这个态度,很多快递被吸引过来了。

画外:现在,湾头村已经有20多家物流公司入驻。安宝康双十一这天卖出了2万多的货物,比平时增长了三倍,今年销售突破200万已不成问题。

同期:(安宝康的家人)今天打不起来,光打好的单子50多张,光发货就发三天。

画外:像安宝康一样,越来越多的年轻人,回到了老家做起了网店。

同期:(博兴县湾头村村民杨小珊)但凡能识字的,家里有电脑的,基本都开着淘宝店。

同期:(博兴县湾头村村民 贾培晓)它是改变了一批年轻人的生活轨迹。老人眼里的这些坏孩子,现在也变成了一些好青年。

画外:在年轻人的带动下,年近60的张洪文也琢磨着开个淘宝店。

同期:(博兴县湾头村村民 张洪文)a o e。

画外:从这张1块钱买来的《幼儿汉语拼音字母表》开始,张洪文用了两个月的时间学会了打字。

同期:(博兴县湾头村村民 张洪文)一开始感到有点别扭。亲,亲是啥意思。

画外:现在,张洪文成了村里年龄最大的淘宝店老板,卖出的货物遍及全国。

同期:(博兴县湾头村村民 张洪文)西藏、新疆还都有,内蒙古、甘肃、香港,香港我卖了好几次了。

同期:(张洪文的妻子)能干的就多干点,干不多的就少干点,也耽误不了接孩子,也耽误不了生火做饭。

画外:目前,在湾头这个不大的村子里淘宝店已经有了500多家。由此也带动了产品设计、草柳编加工、五金件销售等周边产业的发展。

同期:(博兴县湾头村村委书记 安江民)年轻人是搞工艺品创作和电子商务这一块,中年人搞工艺品加工,老年人搞编制这一块。这样一来,我们村形成了工艺品加工的一条线。

画外:8月12号,阿里巴巴研究中心专门在湾头村发布调查报告。数据显示,湾头村草柳编产品一年销售额超过1亿元,成为全国最大的草柳编产品专业淘宝村。

同期:(阿里巴巴集团阿里研究中心研究员 陈亮)它以传统手工业,为它的主打产品,这个在全国淘宝村里面是独一无二的。

解析:长消息相对于短消息而言不只是时长的不同,最主要的是新闻内容和表现方式更加丰富多元。《廉价蒲草"编"出亿元淘宝村》以农民网商为题材,通过年轻大学生回村创业的经历及老年人对网络的观念转变,展示了电子商务在湾头村落地生根的独特现象。记者观察角度新颖,采访深入真切,细节生动形象。新闻标题以"廉价"与"亿元"强烈的反差吸引观众,运用主动词"编"写出了劳动的方式,而"淘宝村"直接点名了经营方式是采用在淘宝开网店的方式造福农村。标题简单明确,引人关注,导语部分充分利用悬念的设置,以提问的方式引出内容重点,分别提出"这个偏僻的乡村是怎样搭上了网络经济的快车?到底又是什么东西这么抢手呢?",两个问题,提炼出新闻的核心内容。新闻记者在"双十一"期间赶赴山东博兴县湾头村,实地探访原材料产地麻大湖,拍摄草柳编产品的制作过程;从零点开始完整地记录了农民网商销售、打包、发货的忙碌场景,全面展现了淘宝村产业链的各个环节。在农村年轻人大量外出务工的社会背景下,湾头村的淘宝模式既传承了优秀传统手艺,又给农民带来了可观的收益。节目播出后,引起了社会对淘宝村这种农村发展新模式的关注和借鉴。

三、消息类电视新闻的特点分析

消息类电视新闻的特点基本可以概括为快、短、活、广,具体表述为快速及时、体例简短、内容鲜活、题材广泛。

1. 快速及时

消息类电视新闻最重要的特点就是快,新近发生、发现或者正在发生的新闻事件要在最短的时间内简明扼要地告知观众,特别是对突发事件的报道,由于事件发生的时间、地点、发展情况呈现未知状态,需要新闻消息快速发布最新情况,这也成为检验电视台和记者新闻素养的标准。随着传播方式的多元化,传播技术的迅捷,信息发布的渠道越来越丰富,这对电视新闻在报道新闻事件"快"上的竞争优势带来了挑战。

2. 体例简短

消息类电视新闻的任务是迅速简要地报道国内外大事,由于要抢时效,制作周期短,这就要求电视记者一定要用最为简练的语言与最有代表性的画面形象地传递新闻信息。因此,消息类电视新闻不要求详细交代新闻事件的背景以及它的前因后果,它可以在解说中提供新闻要素,在形象的画面中表现事件过程,使新闻报道能够简洁地表现内容。

3. 内容鲜活

鲜活,即形象生动,有较强的可视性。要使电视新闻"活"起来,必须遵循新闻的基本规律,即用事实说话,这不仅体现在事件性新闻报道中,同样也体现在非事件性新闻中。优秀的消息类电视新闻必须用影像表达、用镜头说话,既要有概括性交代全面情况的材料,又要有典型的生动画面,能恰当地运用影像语言的各个元素,并灵活地将各个元素综合利用起来,发挥消息类电视新闻的重要传播力。这要求新闻记者具备良好的新闻敏感度。比如,前文提到的第24届中国新闻奖电视消息类一等奖的作品《超强农民:1=190》,新闻讲述的是春节临近,黑龙江省运行最成功的仁发现代农业农机专业合作社分红了,摆满一桌子的现金是发给社员们最好的年货。长期关注仁发合作社的杨国栋等记者,抓住了这一鲜活的新闻事件,进行了成功的新闻报道。

4. 题材广泛

题材广泛是由观众群体以及电视新闻的定位决定的。电视新闻面对的观众是十分广泛的,每个人对信息的认知与需求各有不同。因此,消息类电视新闻要收集广泛的题材,力求贴近群众、贴近生活、贴近实际,使电视新闻真正起到信息主渠道的作用。

《一堆木头和一连串车祸》。

案例中消息类电视新闻的特点是什么,试总结说明。

任务二　分析深度报道类电视新闻的类型与特点

> 任务概述

通过对深度报道类电视新闻基本概念的讲述,学生可以初步了解深度报道类电视新闻。

> 能力目标

对深度报道类电视新闻的类型划分有清晰的认知。

> 知识目标

了解深度报道类电视新闻的基本特点。

> 素质目标

使学生具备对深度报道类电视新闻的鉴赏评价能力和基本的写作能力。

一、深度报道类电视新闻的概念阐述

深度报道类电视新闻是针对重大新闻事件或社会问题,深入挖掘和阐明事件的因果关系以揭示其实质和意义,追踪和探索其发展趋向的报道方式。深度报道类电视新闻不仅仅提供给观众简单的新闻事实,更是在新闻事实的基础上进一步深化报道。1996年5月17日《新闻调查》开播,它是中央电视台首个深度报道类电视新闻栏目。调查性报道、预测性报道、解释性报道、精确报道、系列报道、连续报道和组合式报道均属于深度报道类电视新闻。

(1)调查性报道:报道者通过观察、调查和访谈,对社会事实或社会现象所进行的深入、系统、详细的报道。

(2)预测性报道:对将会发生而正在发生的事件所做的前瞻性报道,着重对新闻事实的发展变化趋势或前景进行科学预测。

(3)解释性报道:运用背景材料来分析和报道新闻事件发生的原因、意义、影响或预示未来发展趋势的一种新闻报道,侧重于解释新闻事实的前因后果以及相关事物之间的联系。

(4)精确报道:运用调查、实验和内容分析等社会科学研究方法来收集资料、查证事实,从而科学精确的报道新闻。

(5)系列报道:围绕同一新闻题材或新闻主题从不同侧面、不同角度做多次、连续的报道,各条报道之间不追求外在的时间连续,是由多个独立报道集合在同一主题思想下,以求对新闻事实做比较系统、全面、深度的报道。

(6)连续报道:对正在发生并持续发展的、重要的、受众关注的新闻事件,在一段时间内进行连续、及时的报道,完整反映新闻事实的发生、发展、结局及其影响。

(7)组合式报道:集中一组稿件反映同一时间、不同地点的同类情况,或同一主题、不同门类的情况形成较大的报道规模,或通过多个报道对象的相互比较,说明问题和阐述道理。组合式报道多用于报道面较宽、报道对象较多的新闻事件,旨在全面深刻地揭露问题。

二、深度报道类电视新闻的特点分析

深度报道类电视新闻的特点可以总结为全面的立体性、叙事的平衡性、表现的多样性、语言的平实性、逻辑的缜密性、形象真实地展现过程等方面。

1. 全面的立体性

多侧面、多角度全面立体报道新闻事件是深度报道类电视新闻的鲜明特征。新闻事件过程的展现、因果关系的分辨及问题解决的途径等都需要全面立体的报道,再现新闻事件的各个部分和多个层面。

2. 叙事的平衡性

在相对复杂的新闻事件中,应该采访记录涉及的各方,还原事实真相,做到客观公正,这是深度报道类电视新闻注重叙事平衡性的特点。在新闻实践中,记者需要把自己置于不偏涉任何一方的立场,客观公正地呈现事实。

3. 表现的多样性

在深度报道类电视新闻中,由于时长限制与新闻事件的复杂,写作新闻稿时需要考虑适宜的行文布局。在内容阐述过程中应采用多元的表现方式。比如,可以按照事件发展的时间顺序或者设置悬念来展开叙事,在形式上也多样化,可以加入新媒体元素等。

4. 语言的平实性

新闻语言首先要准确,切忌含糊其词、模棱两可以及语言夸大。在语言表述准确的基础上就要求语言平实。电视新闻要用画面和声音表述,因此新闻稿件的写作要依托新闻画面与现场声音。华丽浮夸的语言不适用于电视新闻,尤其是报道复杂新闻事件的深度报道类电视新闻。

5. 逻辑的缜密性

深度报道类电视新闻需要有严密的逻辑性才能清楚地讲述新闻事件。对于新闻事件的前因后果、时间先后等线索要去伪存真、去粗取精,要有缜密的逻辑性。

6. 形象真实的展现过程

深度报道类电视新闻往往是记者以出镜或不出镜的方式带领观众调查访问,还原事件真相。在探访新闻现场或访问新闻事件当事人时需要用形象化、具体化的影像展现事件相关线索。

深度报道类电视新闻创作以典型栏目《新闻调查》为例。分析该栏目电视新闻的标题、导语、正文以及全面的立体性、叙事的平衡性、表现的多样性、语言的平实性、逻辑的缜密性、形象真实的展现过程等特点。

《新闻调查》2014年2月15日《被延误的航班》(节选)

导语:2月6号,春节长假的最后一天,很多人选择在这一天乘坐飞机离开家乡。傍晚,一个看似机场内部工作人员的网友贴出了这样的微博:"让你们感受下延误后的旅客多疯狂,柜台电脑什么的砸得稀巴烂。郑州机场又关闭了,我们已经连续加班24个小时没合眼了,都不敢出去。一出去就被围攻,就被骂。"晚上20点16分,南方日报官方微博转发了这条消息。随即引起各大媒体和网友的关注,一时间,有关郑州机场值机柜台被旅客打砸的消息在网上迅速传播。那么,在春节长假的最后两天,郑州机场到底发生了什么?记者在2月8号赶到郑州新郑机场进行调查。

解析:

节目导语交代了事件的结果:因航班延误旅客做出不理智行为。所以这则调查性报道属于推理式叙事结构,即记者在调查之前已经知晓事件的最后结果,并告诉观众,然后去探寻事情发生的原因。对这种结构而言,其调查重点是对原因的探寻。通过对原因的调查,揭露背后一些鲜为人知的内幕消息,从而起到警示作用。

解说:虽然2月5日、6日两天新郑机场没有出现严重的治安事件。但是,我们了解到就在2月7日上午10点半,真的有一名旅客砸坏了机场服务台的电脑,从监控录像中可以看到,一名旅客将服务台后面的电脑键盘拽出来,当场砸坏。

解说:摔键盘的乘客,叫小刘。小刘因为违反了治安管理条例,被治安拘留14天。

记者:当时没觉得这个行为可能多多少少已经触犯法律了吗?有这个意识吗?

小刘:我事后知道了。确实自己也做得不对。其实是挺后悔的,从我个人来说,但是现在也没办法,既然已经做了,也必须自己面对。

解说:2月6号,雪还在纷纷扬扬得下。大量旅客选择了乘飞机离开,他们当中的很多人并不知道,他们早就定好的航班已经不可能起飞了。但是,他们却没有得到及时的通知,仍然赶往原本就十分拥挤的新郑机场。

小刘:我到了机场大概在晚上8点40分左右,然后我到了机场以后,就去柜台去咨询。就告诉我说,航班取消了。

记者:你当时听到就是航班取消以后,你什么反应?

小刘:就是觉得,当时有点生气。如果说你告诉我了,我可能早就直接在市内找个宾馆住了。而且我到机场也不好回去,因为下雪天,回去也不容易。

记者:他们不提供住宿?

小刘:对,不提供住宿。但我看到其他的航空公司,因为整个大厅还有其他的旅客。有的其他公司也在广播说:请到什么地方,提供住宿安排。不知道为啥,我这个航空公司航班就不提供住宿的服务。

记者:你问他们了吗?

小刘:问了。

记者:他们怎么说呢?

小刘:他说不提供。

记者:为什么呢?

小刘:没有为什么,他说他也不知道。

记者:你问的是什么人?

小刘:就是南航的柜台,换登机牌的工作人员。

解析:

采访事件当事人,逐步还原事件核心。当事人刚到机场就发现航班取消,但是航空公司并没有提前通知航班取消,航班取消后也没有安排住宿,这是当事人生气的原因。

解说:陈雪频所乘坐的从郑州飞往上海的航班,原计划是2月6日下午3点半起飞。这段原本一个半小时的航程,他最终也花了将近24个小时。

记者:当时到了上海什么感受?

旅客陈雪频:感觉,我先说我离开郑州的感觉吧。我就感觉有点像是匆忙逃窜的感觉。而且当时在进安检台之后,发现一些细节很有趣。好几个安检台是没有开放的,因为上面坐满了当时滞留的旅客,这个我是从来没有见过的。

解析:

进一步增加事件发生时的细节描述。

小刘:登机牌写的7点半起飞的,然后到7点半以后,我就看它没有动静,我就去南航的那个服务柜台去问,我说怎么回事?什么时候起飞?他们答复就是不知道,现在不能起飞,原因不知道。什么时候能走也不清楚,也没有一个确切的时间。

记者:那他给你解释原因吗?就是因为什么原因飞机不能飞?

小刘:并没有解释原因。

记者:你问他们了吗?

小刘:我问了。但是也没有解释原因,也没有告诉我什么时候能走。

记者:也没有说是因为天气原因,还是南航自己的原因?

小刘:没有说具体的原因,只是说叫我等待,等到什么时候也没有确切的时间。

解说:我们发现在当时滞留的乘客中,他们最有怨气的就是得不到准确的起飞时间。有网友这样写道:我们快忍不住了,问个航班都没人回,也不说取消航班,也不说航班时间!工作人员一句话不回,句句都是不知道!我好想哭!

解析：

挖掘出事件当事人情绪爆发的直接原因在于航空公司不能提供航班确切的起飞时间。

解说：一般来说，乘客在机场获得航班信息最便捷的办法就是倾听广播通知或者去问询处询问。那么在航班延误的情况下，机场服务台是否可能掌握航班的确切信息呢？

记者：他们如果要问你具体的航班信息，你们通过什么信息渠道给他们？

孙黎（南航河南分公司地面服务部）：当时我们能看的就是这种航班信息，这个平台。

解说：南航新郑机场服务台的工作人员解释说，平台上的信息有机场运营中心发布，他们也只能通过这个平台来获取航班信息。只是，这些信息内容非常单一，这使得工作人员也无法提供乘客最需要的答案。

解说：显然，这样简单的信息不能满足滞留乘客的需要。那么，为什么机场就不能给乘客提供更加准确的信息呢？

记者：很多乘客采访的时候也会跟我们讲，他说难道这个机场的管理系统就不能告诉他一个航班明确到底延误多长时间吗？

杨寒松（新郑机场现场运营指挥室主任）：因为一个航班的组织、调配的话，主要是由航空公司来操作的。

记者：这只有航空公司自己才能知道的信息？

杨寒松：对，而且他怎么去，包括执行这个航班，怎么去调配，我们真不清楚。

解说：机场方面解释说，机场信息系统发布的航班信息来自各个航空公司。那么，航空公司到底能够提供怎样的信息呢？

记者：什么时候能飞？能告诉他吗？能给旅客一个相对来说，比较明确的信息吗？

白志伟（南航河南分公司运行指挥部副经理）：你像我们会收集机场的信息、空管的信息、机组的信息、旅客的信息。我们收集完之后，综合评判，可能会延误多久，我们会发布一个延误时间的。

记者：为什么那天你们前台的工作人员，就跟他们讲，他们都不太清楚呢？也不知道，他们说不太知道什么时候可以飞？

白志伟：就像我跟你说的，这属于正常是应该，有的也存在极特别的情况下，就属于可能外界给我的信息，不是很足够，我可能存在……，比方说除冰。可能我现在预估的是10分钟结束，但可能到了半个小时，它还是会有变化的。

解说：虽然白经理的解释，他们所有的信息都会在运行网上公布，但是在一线直接面对旅客的机场工作人员因为得不到航班的详细信息而无法回答旅客的问询，自然，小刘每次询问都不会知晓航班的起飞时间。而这时他发现机场已经有南航的航班起飞，这使得他的情绪更加焦躁，最终导致冲突事件的发生。

解析：

"在航班延误的情况下，机场服务台是否可能掌握航班的确切信息呢？""难道这个机场的管理系统就不能告诉他一个航班明确到底延误多长时间吗？""航空公司到底能够提供怎样的信息呢？"，这三个问题是针对"能否提供航班确切起飞时间"，记者带着问题先后采访了机场地面服务台、机场现场运营指挥室、航空公司三方面。通过三方的回答也让观众逐渐清晰地知道航空公司是掌握全面信息的一方，也是最先知道航班确切信息的一方。

解说：一方面，机场滞留了数千名旅客急待疏散，另一方面，跑道开放之后飞出的航班架次又是如此之少。对此，机场、航空公司、空管部门都觉得不正常，但都觉得不是自己的责任。那么，这到底是谁的责任呢？记者依然以小刘乘坐的CZ349Y航班作为线索继续调查。这架原计划于7号早上7点30分起飞的航班最终起飞时间是12点47分。事实上，7号机场的天气已经恢复正常，跑道早在前一天晚上22点就已经开放。在周围环境恢复平静的情况下，这架航班又为什么延误了5个多小时呢？

记者：这班原计划好像是早上7点多飞，为什么会推到中午12点左右才飞？

白志伟：因为当天早上还是持续在降雪，除冰特别慢，因为每架飞机起飞都是有标准的，是严禁带冰雪霜起飞的，所以对飞机的处理时间比较长。

记者：那后来这个航班为什么第二天早上没有按时起飞呢？

张二军（南航河南分公司地面服务部）：因为早上好多航班要起飞，要逐一地排队除冰，保障安全。除完冰之后才能通知登机，因为开始飞机没有准备好，就没有通知他们登机。这样就是耽误了时间。

记者：那你的意思就是说，因为除冰的过程当中耽误了时间？

张二军：对，这个航班要除完冰之后才能通知登机。

解说：南航的工作人员告诉记者，这个航班延误的原因是因为除冰。那么，飞机的除冰程序是怎么安排的？CZ347Y航班真的是因为除冰才推后起飞的时间吗？

记者：你们除冰，一般是在什么时间点进行除冰的？

郭利明（新郑机场机务工程部工作人员）：除冰的话是在机组完全准备好以后，廊桥撤离，所有舱门全部关闭。

记者：乘客已经上去了？

郭利明：对，这个时候乘客已经上去了，包括所有的货舱门登机舱门，包括周围的设备全部撤离，飞机处于准备推出状态，飞机有准确的起飞时间了，这时候我们开始除冰。旅客是肯定已经上完飞机了。

记者：那也就是说，其实南航跟当时还没有登机的旅客讲，他们的飞机延误是因为除冰的原因，实际上这个理由是不成立的是吧？

郭利明：应该是不成立。因为这个除冰时间是一定的，必须在这个时间之内完成整体工作。

解析：

这一段落的采访调查属于本期节目的高潮部分。在问及CZ349Y飞机延误没有按时起飞的原因时，南航运行指挥部与南航地面服务部都说是因为除冰延误了起飞时间，但是机场机务工程部直接说明了程序问题，不可能是因为除冰导致延误，理由不成立。调查性节目最有魅力的地方在于记者不设立场地采访与事件有关的人员，节目后期将不同说辞剪辑在一起进行观点的交流和碰撞，不同采访对象的观点交叉编排在一起，创造出现场感和交流感，形成一种特殊的效果。

解说：对于飞机一再延误的原因，机场和南航方面各有说法。但是无论怎样，2月5日6日因跑道关闭，机场滞留了越来越多的旅客。跑道开放后又没有使延误的航班高效率地飞出，对候机楼里滞留旅客的疏散安置的压力也就越来越大。晚上11点多钟陈雪频记下了自己当时的心情："航空公司和机场相互推诿，无所作为，顾客被当作东西一样对待，毫无尊严可言。有些理解为什么有人会砸东西了,因为这里的管理简直让人忍无可忍。"

陈雪频:我举一个例子吧,当时是说会安排住宿,说到一楼的某某出口,然后所有人跑那儿去,等了大概半个小时,说到二楼,大家跑到那儿去。到了二楼之后又过了大概将近半个小时,没有任何的反应,这个时候就开始有人会觉得被愚弄,有人开始说怎么回事,开始起哄了。

解说:记者了解到,新郑机场包括南航和空管部门针对极端天气有可能导致的大面积航班延误都分别制定了应急预案,应急预案一共分四个等级。2月5日之后启动的应急预案为最高级别"红色",但是,这个早已经有的预案,面对这次大面积的航班延误和大量的旅客滞留,所发挥的作用显得不尽人意。

解析:

节目中看似由恶劣天气引发的航班延误事件,最后暴露出的是机场和航空公司在管理方式、保障能力,特别是应急处置能力的相对滞后。

《七年未完成的拆迁》。

案例属于哪种类型的深度报道,其特点是什么?

任务三　分析评论类电视新闻的概念与特点

> **任务概述**

通过对评论类电视新闻基本概念的讲述,学生可以初步了解评论类电视新闻。

> **能力目标**

对评论类电视新闻的特点有清晰的认知。

> **知识目标**

了解评论类电视新闻的评论逻辑。

> **素质目标**

使学生具备对评论类电视新闻的鉴赏评价能力和基本的写作能力。

一、评论类电视新闻的概念阐述

评论类电视新闻是指电视新闻评论员、评论集体或电视机构对当前具有较高新闻价值的事件、问题或社会现象表示的意见和态度,进行解释分析的节目形式。新闻传播过程是价值观传递的过程,对肩负社会责任、文化担当和历史使命的电视媒体而言,选择什么事实进行新闻报道并加以评论可以表明媒体自身的立场和价值观。因为一则新闻报道并不是简单的事实,它是某个简单事实和既有象征体系的一种联系。媒体所选择的新闻事实其实是选择其背后所代表的"象征体系",即选择了媒体想要表明的立场和价值观。电视新闻媒体力图引导舆论,就要做到有选择、有立场。我国评论类电视新闻可以根据意见性信息与叙述性信息在节目内容中占据的不同比例以及不同的组合形态分为:主评型、述评型和辩论型三大类。

二、评论类电视新闻的特点分析

评论类电视新闻的特点主要包括选题的关注度高、评论的思辨性强、受众的参与性广等方面。

1. 选题的关注度高

电视新闻的选题很重要,评论类电视新闻也不例外。与此同时,需要注意的是评论类电视新闻有引导舆论的重要作用,因此,在选题方面更要考虑具有普遍意义、具有广泛关注度的事件。

2. 评论的思辨性强

评论的思辨性在评论类电视新闻中更多表现为评论的层次分明、理性有力。正常的、有活力的舆论生态,应该有利于培育平衡、培育理性,而这一份理性的平衡应该是从媒体自身开始的。电视媒体在一片争鸣之中应当处于平衡理性的角色。评论类电视新闻的终极目标不是结论的统一性而是引发广泛理性的争鸣,评论者在现场的言语需要维持理性争鸣的环境,维持个体话语的思辨性。

3. 受众的参与性广

评论类电视新闻的受众参与性广正是观点争鸣的表现。随着社会主义核心价值观的积极培育和实践,制度精神与公民意识得到了广泛传播。在政治、经济、文化和社会发展进步的推动之下,公民的公共精神日益高涨。公共精神,即公民对公共事务的积极参与、对社会基本价值观念的认同和对公共规范的维护。由此可以推出,公民公共精神的高涨可以从以下几个方面表现出来:一是积极参与公共事务;二是认同社会基本价值观念,对于我国而言就是认同社会主义核心价值观;三是维护公共规范。所以公民公共精神的高涨可以通过参与评论公共事件、发表意见来表现。

评论类电视新闻选取《新闻1+1》节目作为案例,分析该评论类电视新闻节目的选题关注度、评论思辨性、受众参与性等方面的特点。

《新闻1+1》2019年11月1日《教育要想一流,就要动真格!》(节选)

导语:教育部发布新规,有人说,大学生就要忙起来了。

吴岩(教育部高教司司长)(同期声):我们要让一部分学生,就是这些天天打游戏、天天睡大觉、天天喝大酒、天天谈恋爱的学生,这样的学生、这样的日子一去不复返。

导语:即将强力推出22项改革措施,中国大学的本科教育会迎来什么样的变化?

吴岩(同期声):当一个学生上了四年学,学校的名家、大家、专家都不教他,我怎么能够说你是一个好学校。

导语:教育部发布《关于一流本科课程建设的实施意见》,要全面振兴中国本科教育。《新闻1+

1)今日关注《教育要想一流,就要动真格!》。

解析:

在选题方面,与深度报道类电视新闻不同,评论类电视新闻需要选取关注度高、当下观众最关心的热点事件。在《教育要想一流,就要动真格!》节目中,新闻标题即是观点所在,导语部分可以看出节目对于选题时效性的要求,其中"即将"意味着教育部的改革措施还未实行,但马上要推行了,节目在改革措施实施之前制作播出,除了引导舆论之外,也分析评论"会迎来什么样的变化"。教育部高教司司长吴岩有两句同期声,第一句是针对大学生,即将发生的本科学习生活的变化,第二句是针对学校和老师,名家名师不教本科生,这所学校就不能称为好学校。分别从学和教两方面提纲挈领地表达了此次改革措施即将影响的本科教育。

白岩松:您好!观众朋友。欢迎收看正在直播的《新闻1+1》。今年也就是2019年,高校的毕业生是834万,当然又被冠以史上最难就业季。但是回头去看的话,其实真正最难的就业季是明年。2020届高校毕业生规模预计将达到874万人,比今年同比又增加40万人。毫无疑问,用不了多久,标题又出现了史上最难就业季。

但是今天我们面对这个874万这样一个数字,首先还真不想谈的是就业问题,而要谈的是:您能毕业吗?为什么呢?因为在狠抓本科教育的这种背景之下,一道金牌接一道金牌。昨天教育部又出台了一个新的规定,它与更严格的课程教学紧密相关,显然,本科不好混了。毕业,也许很困难。

我们来看看它立即就引起了反应。"教育部发文消灭本科水课",截止到11月1号晚上8点半阅读3.2亿、讨论4.3万。这个阅读是不是能够到3.21亿,我持怀疑态度,但绝对超级热度的话题那是没跑的。接下来"本科生活该怎么过",阅读3989万、讨论5936次。毫无疑问,这是一个热度极高的问题。这就是动真格了吗?能真的演起来吗?本科真的不好过了吗?来,一起关注。

解析:

《新闻1+1》中经常出现用数据证明事实的案例。比如本期节目中,"最难就业季"用数字说话,2019年834万毕业生与预计2020年874万毕业生,使观众形成了基本认知,也就是大学毕业人数庞大、就业很难。接下来,白岩松提到比就业难更加紧迫的是毕业难,进而引出今天的议题"本科教育",关于"本科不好混""毕业也许很困难"的话题,节目引用了新浪热搜的数据,阅读数据和讨论数据显示了话题的热度。

解说:昨天下午两点半,教育部召开新闻通气会,正式发布《关于一流本科课程建设的实施意见》,四个部分3300多字,即将重点推出的有22项改革措施,"教育改革动真格了"这是今天不少媒体的报道标题。

节目同期声:实施意见中提到,不抓本科教育的高校不是合格的高校,不重视本科教育的书记校长不是合格的书记校长,不参与本科教学的教授不是合格的教授。

吴岩(同期声):这个不是简单的教授给本科生上讲台上课的概念,是让学校的老师把他的第一身份、第一职责明确了,第一身份是教师,第一职责是上课,因为你是教师系列的职称,就是因为你教书。你如果不教书的话,你不教学不培养学生的话,你就不是教师系列,你可以到其他的系列里面去。

解说:学校要改革,教师要改革,服务的对象显然是那些大学里的本科生们,但是当课程设计越来越具有研究性、创新性和综合性,学生们的学习也不会再像以前那么轻松了。讲了很多年的大学宽进严出,也有可能成为现实。《意见》提出,要严格考试纪律,严把考试和毕业出口关,坚决取消"清考",严格课程质量评估在专业认证、教学评估中增加课程评价权重。

吴岩(同期声):学生,应该说全面忙起来了。那些不求上进、不思进取的学生开始紧张了,本科的毕业开始明显难起来了。

解说:今天网络上已经出现"混日子难了""走过场完了"这样的声音。巧合的是,近日,河北体育学院就有40多名学生,因旷课过多而被学校公示退学。昨天,教育部高教司司长吴岩也对此进行了回应。

吴岩(同期声):我们要让一部分学生,就是这些天天打游戏、天天睡大觉、天天喝大酒、天天谈恋爱学生,这样的学生、这样的日子一去不复返。如果这些学校依据他们的这样规定作出了这样处罚,我觉得是一个好的信号。

解析:

这一部分全面阐明了此次改革措施的具体内容,分别运用解说和同期的组合方式阐明学校职责、教师身份、课程设计、教学评估、学生毕业要求等方面的内容,并且逻辑严谨、衔接紧密。最后结合最近发生的"河北体育学院40多名学生因旷课过多被公示退学"的实际案例,表明了教育部此次改革的决心。

大学生:我上过"水课",感觉"水课"之所以水,可能是因为他目前所教授的一些内容针对现在的就是学生所会学到的这些阶段,就不是特别匹配的。

大学生:"水课"的话应该多多少少还是会上了一些。然后如果清理掉"水课"的话,那对于我们学生来说,就还是比较好的。对以后不管是职业或者是学习这块都是比较有提高的。

白岩松:形成我们现在大学本科出现的过松、过垮,然后很多的这种混日子的这种局面您觉得哪方的责任更大?老师的责任大、大学生自身的责任大还是管理和机制方面的责任更大?

储朝晖(中国教育科学研究院研究员):如果这种现象是个别的老师、个别的学生,那么我们认为它主要的责任肯定是在这些老师和学生身上。如果这个现象是大面积的出现,那么它就肯定是机制有问题。那么对于现有的高等教育,我们中国的大学它最关键的一点,还是谁来办大学的问题,就是政府来办大学还是大学来办大学的问题。相对来讲,教师的自主权、学生学习的自主权远远不够。与国际上通用的学分制和选课制相比,我们的机制还相对比较呆板。

白岩松:那接下来,如果说大学本科的这种局面很让人担心的话,您觉得理工科的情况严重,还是大家以为的可能是文科的情况更严重?

储朝晖:现在要相比较起来,因为理工科它的客观性比较强一点,那么相对来讲呢还是比文科要好一点,现在文科的问题相对来讲更加严重。

解析:

从对学生的采访开始,表明大学本科教育改革的原因。"水课"的授课内容与现阶段学生所需不匹配,清理"水课"也是学生的诉求。而采访嘉宾储朝晖也直言由于机制问题导致了现在本科教育过于松垮,教师自主权与学生学习自主权"远不够",并且文科比理工科严重。对于现状的梳理意义在于表明这种现象的普遍性和紧迫性。

白岩松:其实让名教授让教授给本科上课,可不是第一次提了,前几年经常在提,但是为什么这次又要重提,是不是以前提的基本上没什么效果,这次就真能有效果了吗?

储朝晖:以前提也不能说一点效果都没有,至少有这种意向,有意愿的教授走上课堂了。这个光有提倡我觉得是不行的。就我在一些高校的调查,这些教授为什么没有去给本科生上课,主要的原因,这些教授感到给本科生上课存在一些障碍,我去给本科生上课能不能给本科生的成长发展真正地负起责任。由于相关一些机制,使这些教授感到自己对这个做法是不能够真正地负起责任的,那还不如往后躲一躲。这样的一种心理,事实上是我们当下教授不能够给本科生上课的一个重要的原因。

白岩松:嗯,说一点题外话。有很多老师,这个打分归学生。于是老师就开始迎合学生,这个考试恨不得漏题等等,否则给你打的分数低啊。所以在这个权力评价上要有学生,但绝对不能全交给学生,应该有其他的一些因素。储老师这儿还有一个问题,教授上课了但是他如果开始上"水课",人进教室了就是不走心,怎么办?

储朝晖:这个深层次原因,还是在教授上课是不是他真正想去上的那个课。这是根本的原因。为什么很多的教授上"水课",甚至有一些很有名的教授,也上"水课"。这个深层次原因在于他想教的东西可能未必能够安排到那个课表上去,但是安排的课表上的东西未必是他想教的,所以就导致我们很多的教授,他的优势不能在教学上发挥,学生最想学的东西也很难排上课表。这样一来,两个方面就很难衔接上去。

解析:

通过白岩松与采访嘉宾一问一答的形式,进一步深挖存在"水课"的机制原因是课程安排与教学评价机制的不合理。课程安排不能真正反映教师的优势,也很难反映学生最想学的课程。白岩松则补充了教学评价机制的原因。

白岩松:没错。因此,看似有一个教育部的意见,但需要一个综合的改变才能形成最好的效果。接下来我们继续去关注。这本科真的就严起来了吗?是不是够严了,还可不可以更严呢?

吴岩(同期声):向下看,本科教育的质量的改革,将会影响基础教育对人才培养的这样的标准质量的改变。向外看,占87%以上的大学里边的毕业生是本科生。如果这个本科生的质量发生了问题的话,也就是高等教育没有达到它基本的为社会服务的输送人才的质量保证。本科教育是个牛鼻子,我们把本科教育这件事解决好了以后会起到连锁性反应,并向好的方向发展。所以我们说现在抓本科不是只为本科,是为整个高等教育有格局上的变化。

白岩松:其实这股针对本科狠抓的风,去年就开始了,我当时印象非常深,你看8月27号的时候,教育部下发了一份通知。你看这标题太有意思了,《教育部关于狠抓新时代全国高等学校本科教育工作会议精神落实的通知》,在政府的部级文件当中,标题用上"狠抓"这两个字其实不多见。储老师,您觉得这一年多的时间下来了,对本科抓得够狠了吗?

储朝晖:这要从质量提升这个角度来说,我认为还不够狠。

白岩松:还应该有什么样一些接续的动作。既然我们的教育部相关负责人说了,这个要进行相关质量革命的,是一系列的战役。

储朝晖:那么这一系列当中呢,就不能够仅仅有教育部这个剃头挑子一头热,而是让所有人都参与进来,特别是教师和学生参与进来,这里面有这样几个关键点。第一个要改变我们现有的高等教育的思想和理念。大家要解放思想,大家都去想怎么去提高,而不是说某一个部门某一个机构来想这个问题。第二个我们要让教师和学生都确立自己的目标,是个性化的目标。在这个基础上要适应这个创新,还必须让学生有一些要求,比方说有些我们原来的课程,有的一定很老套了,我们就必须要淘汰。那么,学生有新的要求,特别是培养他自己的创新能力的相关课程要求。那么学校要把握学生的需要,尽可能把它开起来。

解析:

在前面谈了本科教育改革的具体内容和现实原因之后,这一部分主要是评论本科教育改革要狠抓。为什么要狠抓?如何具体实施?教育部高教司司长吴岩的同期声说明了因为本科教育的重要性所以一定要狠抓。而现有的情况是抓得还不够狠,教学质量狠抓提升的具体措施一是改变管理机构的理念;二是遵从教师和学生的具体诉求。

白岩松:储老师还有一个问题,这个课程的改革包括精进和一流都非常支持。但是我担心一件事,会不会我们其实太实用地考虑就业和市场,但是看似无用的基础性的课程却不受重视。您怎么看待这个问题?

储朝晖:事实上,从最近这20年来看呢,我们这个功利的一个取向就相当严重,所以基础很重要。真正要培养创新人才,最关键的是培养这个人有志向,他有能力,有基本的能力,有基本的素养。过去历史上大量的例子都说明,比方讲我们钱学森,他原来是学交通然后改成的航天,主要呢不是因为他后来学的这个东西,这个具体的技术,而是因为他具有一些基本的素养。所以这方面呢,我觉得更加重视孩子的基础、学生的基础,如果基础不牢,那么后来他学的这些小的技能,不会有太大的作用。

白岩松:功利和过于实用,其实是本科的大敌,本科本科应该是本,千万别成了忘本的科,非常感谢储老师带给我们的解析。接近一百年前,陈寅恪先生在美国留学的时候,当时在与友人的对谈当中说过这样的话:我们将来中国会出很多的这种富商,但是我们太过于重实用,可是你研究的很多特别实用的这种东西一旦环境或者说理念发生变化,最实用的就可能成为最不实用的。我们如何在教育当中也关注很多看似无用的东西,看看我们的邻居已经得了多少诺贝尔奖了,希望本科真是本。

解析:

在谈狠抓本科教育的同时,思路扩展到中国教育的问题:太重实用和功利性。从最新的新闻动态切入,阐明教育改革的具体内容:教师要明确教师身份、学校要有职责、学生不能混日子。接着表明此次改革的原因在于本科教育的现状过于松垮。究其根本原因是机制问题,包括课程设计与教学评价体系。本科教育的重要性决定了必须要严格、要狠抓,提出了具体的措施,最后回归中国教育的核心问题。评论基本上遵循了是什么、为什么、怎么办的内在逻辑,并且从教与学的层次分别做出评论,也不回避机制问题和最核心的问题,既实际又深刻。

任选一期《新闻1+1》。

所选案例是如何展开评论的?有什么逻辑关联?

Dianshi Zuopin Fenxi

第四章
电视综艺节目作品分析

第一节
电视综艺节目的概念与发展历程

任务　理解电视综艺节目的概念及发展

> **任务概述**

通过对电视综艺节目基本概念的讲述,学生可以从不同维度了解电视综艺节目。

> **能力目标**

对电视综艺节目的发展历程有认知,对当前电视综艺节目的形态有清晰的理解。

> **知识目标**

了解电视综艺节目的基本内涵和各个发展阶段的艺术特点。

> **素质目标**

使学生具备对电视综艺节目的鉴赏评价能力。

一、电视综艺节目的概念阐述

1. 电视综艺节目的概念

关于电视综艺节目的概念,有以下四种学说。

从本体上来说有"多元文化说",电视综艺节目作为一种极为复杂的现代文化现象,受多种文化因素的"合力"制约,是多元文化决定的结果。电视综艺节目的发展不但受到当下科技水平、文化潮流、社会时尚、商业利益等种种因素的制约,也深受文化传统和受众心理方面的影响。从文化价值取向的角度看,电视综艺节目体现了高雅艺术和大众通俗艺术的综合。从电视传播的独特性、受众面的广泛和内容无所不包的角度看,电视综艺节目体现了不同文化阶层、民族群体、性别、年龄的受众需求。

从传播效果上有"娱乐说",综艺即综合娱乐节目。电视综艺节目运用电视的艺术手段,在设定一个主题的条件下,串联各个不同题材,涉及内容广泛,具有极强的包容力和极大的综合性。电视综艺节目是所有电视艺术形态中娱乐价值最高的,它以变化多端的内容、新颖有趣的表现方式,娱乐人生、启示人生。

从节目形态上有"文艺说",电视综艺节目属于电视文艺节目中一种重要的节目类型。它由音乐、戏曲、曲艺、文学等多种艺术门类的节目组合而成,是多种艺术与电视艺术的有机结合。综艺节目以其丰富多彩的内容、新颖别致的形式,集思想性、时效性、艺术性、娱乐性、参与性于一体,具有生动形象、寓教于乐、愉悦心性、陶冶情操的教育功能、认识功能、审美功能和娱乐功能,受到观众的欢迎和喜爱。电视节目的主要形式有各种庆典晚会,比如《春节联欢晚会》,另外一种是电视台每周设定固定播出时间的常规性综合类节目,比如湖南卫视的《快乐大本营》。

在表现方式上有"综合艺术说",电视综艺节目是一种声像兼备、独具魅力的时空综合艺术,是在当代高科技基础上产生的极有潜力的艺术门类。它可以集音乐、舞蹈、戏剧、猜谜、问答、笑话、故事、杂技、魔术、游戏等艺术形式或非艺术形式为一体,又可以选择其中数项,根据内容需要,加以自由灵活的编排和组合。

综上所述,电视综艺节目可以理解为通过电视这一传播媒介传播,节目形式多样、内容丰富、雅俗共赏、时代感强,满足广大观众多方面艺术审美与休闲娱乐的需求,具有极强的服务意识,大众广泛参与的,区别于电视剧、电视新闻、电视纪录片的电视艺术形态。电视综艺节目以审美性、娱乐性、观赏性和趣味性为突出特点,以变化多端的内容、新颖有趣的表现方式娱乐并启示人生。电视综艺节目的内容非常丰富,没有任何一种电视艺术形态可以与其匹敌,它可以时空转换,可以通过服装、化妆、道具、舞美、音响、灯光等多种艺术手段强化艺术效果。电视综艺节目无论是前期策划、中期拍摄还是后期剪辑,无论从制作者、表演嘉宾还是电视机前互动的观众来说,都是一种社会群体行为,是一种特殊的社会文化活动,不只是简单的节目欣赏。

如今,在互联网时代,电视综艺节目需要考虑跨媒介传播的时代特质,积极打造体现观众审美、艺术品格和全媒体特色的文化产品。在新媒体与传统媒体不断深化融合的时代,新的媒介格局改写了电视艺术形态的传播方式,也刷新了艺术生产和艺术消费的理念。电视综艺节目的发展伴随着技术的发展不断呈现出崭新的样貌。其艺术创作的场域不断拓展,与其他艺术门类的协作性不断提高,创作者也拥有了更多与观众互动的可能。

2. 电视综艺节目的要素

大卫·麦克奎恩所著《理解电视:电视节目类型的概念与变迁》中将电视综艺节目的元素总结为四点:观众参与、主持人、悬念与仪式感。

(1)观众参与:欢呼、鼓掌、呐喊等观众高昂的士气,对于电视综艺节目的成功非常必要。演播室中和电视机前的观众参加和旁观了一场狂欢,这种狂欢是一种严格的舞台设计。狂欢可以释放日常生活中的种种压抑并使得社会权力关系暂时隐退。

(2)主持人:有能力使观众以及嘉宾紧跟节目进度,调动起所有人的热情。

(3)悬念:悬念有助于观众参与其中。电视综艺节目中的布景、叙事结构、事件、氛围等节目元素都是变量,都可以成为不可预料的悬念。

(4)仪式感:仪式的因素在电视综艺节目中的开头和结尾尤其明显,参赛者与主持人和"参与"的观众一起了解游戏的程序和规则,标准化的开场白和结束语、道具设置和夸张的参赛场景、现场口号等都在营造节目的仪式感。

二、中国电视综艺节目的发展历程

1. 探索时期(1981年—1996年)

1981年4月,广东电视台借鉴1967年香港无线电视台开播的《欢乐今宵》,推出电视综艺节目《万紫千红》,首期嘉宾是男高音歌唱家罗荣炬、粤曲名家黄少梅以及一群小品演员,形成了包含唱歌、跳舞、风光旅游的娱乐节目以及戏剧性小品的形态。《万紫千红》开启了内地电视综艺节目的序幕。1983年除夕,中央电视台《春节联欢晚会》以现场直播的形式首次播出。从此在中国电视发展史上开启了全民"春晚"的风潮。首届春晚采取了与观众互动的手法,有四部热线电话,观众可以点播自己喜欢的演员演出节目。另外,晚会还首次加入了远程有奖问答环节,以写信的方式进行,所有参加者在大年初一之前栏目组收到信件后才能参与。1985年10月1日,上海电视台推出了一档以家庭为单位的歌唱大赛《卡西欧杯家庭演唱大奖赛》,开创了我国电视荧屏选秀节目的先河,让普通的百姓家庭第一次出现在荧屏上,参与者不需要任何专业背景,第一届比赛的决赛选择在除夕夜黄金时段进行现场直播,这次电视选秀节目取得了空前的成功,据说收视率达到94%。《卡西欧杯家庭演唱大奖赛》也是中国最早的选秀节目。

1990年3月《综艺大观》开播,这是当时中央电视台唯一在黄金时间现场直播的电视综艺节目,最初每两周一期,每期播出50分钟。这档综合了多种艺术门类的娱乐性电视栏目推出了很多优秀的文艺作品,还有大批优秀的小品演员和创作者也成名于该栏目,它在20世纪90年代被称为春晚的试验田。1990年4月,中央电视台播出另一档综艺节目《正大综艺》,与《综艺大观》有着不同的定位和取向,它立足于介绍各地风土人情并与知识竞答相结合,包括"世界真奇妙""五花八门""名歌金曲"三部分,以世界各地的旅游文化开始,用猜谜形式向观众介绍世界各地的风光、习俗、名胜、趣事。"不看不知道,世界真奇妙"的口号构成了一代人的集体回忆。

这一阶段的电视综艺节目创作虽然受限于人力、物力、财力的不足以及制作的经验不足,且电视机的普及率也不高,但是在艺术形态上已实现了初步探索,包括文艺晚会、游戏节目、平民选秀等形态。

2. 变革时期(1997年—2002年)

1997年7月,湖南卫视的《快乐大本营》开播,该节目几乎颠覆了人们对于电视综艺节目的传统概念。汪炳文在《且话<快乐大本营>》中指出,栏目在游戏的构成上分为三种,第一种是动作游戏,第二种是知识性游戏,第三种是综合判断游戏,目的是充分调动参与游戏的明星与现场观众的积极性。《快乐大本营》的成功迅速引起了全国各地方电视台的模仿。北京电视台的《欢乐总动员》、江苏电视台的《非常周末》、东南卫视的《开心100》、安徽电视台的《超级大赢家》等纷纷涌现,这一类游戏娱乐类综艺节目的成功得益于纯粹、简单的游戏形式,不再承担拘谨的教化功能,"娱乐"成为电视综艺节目的自觉追求。

1998年11月22日,中央电视台的《幸运52》开播,随即引发收视热潮。作为益智类电视综艺节目,《幸运52》引自英国的同类型节目《GOBINGO》,该节目没有严肃的社会议题讨论,采用主持人提问、选手回答、胜者赢得大奖的方式,所有的选手均从现场的普通观众中随机抽取。随后一批益智类电视综艺节目应运而生,《开心辞典》《三星智力快车》《才富大考场》《智者为王》等节目出现,这类节目邀请观众参加益智类游戏,现场答题拿奖品,将游戏与知识普及融为一体,简单直接富有冲击力,比以往单纯欣赏歌舞表演的电视综艺节目更加具有戏剧性和互动性。

这一阶段的电视综艺节目以明星游戏、平民益智竞猜形态为主。同时,不断发展的娱乐产业,为明星、创作者提供了大量的演艺资源。随着节目形态的进一步发展,这些节目也不再单一地呈现明星的表演,而是开始更多地寻求与观众互动,"平民秀"的概念开始深入电视综艺节目的创作理念中。

3. 平民选秀时期(2003年—2009年)

自2003年10月至2004年10月,先后出现了《非常6+1》《超级女声》《我型我秀》《星光大道》《梦想中国》等平民选秀类电视综艺节目。之后几年间又涌现出《快乐男声》《快乐女声》《加油!好男儿》《绝对唱响》《第一次心动》等选秀节目。这一时期的电视综艺节目呈现出如下特点。

1)平民视角

以"打造平民偶像"为口号的选秀节目,以低门槛、易参与的特点受到大众的欢迎,吸引了一大批不同年龄层的参与者,与此同时也吸引着数以千万计的电视机前的观众。正如《超级女声》的总导演王平所说:"主要是定位的优势,它最大限度地满足了中国电视观众想上电视的需求,而且是以一种无门槛的方式、开放式的结构,给大家一种比较宽泛的快乐,有人得到了参与的快乐,有人得到了认同的快乐。"

2)评委点评

专业评委点评是这个时期平民选秀节目的另外一大特点。评委的言行举止在一定程度上成为节目不可或缺的元素,影响着节目的收视率。《超级女声》的评委以犀利见长,"别人唱歌是偶尔跑调,你唱歌是偶尔不跑调!""你唱了吗?我以为你是在说话呢!""你年纪不大却好像怨妇一样!"等类似的评语在当时形成了综艺节目中的娱乐元素,让观众捧腹大笑。中央电视台的《星光大道》《梦想中国》等选秀节目,评委大多温文尔雅,点评以称颂优点为主,即便说到缺点也多以建议的方式婉言道出。2007年,重庆卫视的选秀节目《第一次心动》由于评委的言行失当,遭到国家新闻出版广电总局的紧急叫停,这一事件对选秀节目中刻意运用评委言行制造娱乐效果起到了警醒的作用。

3)直播淘汰赛

平民选秀节目要经历海选现场、快速筛选、现场淘汰的过程,以逐级淘汰的赛制来角逐最终的名次。这种完全公开的淘汰赛制让残酷性与不可预知性并存,每场直播赛事都会有选手淘汰和胜出;节目中还会运用一些环节将比赛结果的悬念最大化,比如,《超级女声》以制造悬念的方法将各个选手是否进入下一轮比赛的结果以"通过"和"待定"写在一张封存的卡片上,主持人让选手猜测结果,通过延缓时间的办法将选手和观众的好奇心理和紧张感调动起来,将悬念进行放大和迟滞。

4）观众互动

平民选秀节目不仅仅满足于给观众带来简单的娱乐,而是与观众融为一体,增强了节目的互动性,为观众带来主动参与、积极投票的机会,让观众随着节目赛程的进行感受到情绪的波动。《超级女声》的短信投票赛制以无门槛的投票方式让全民参与,最终的结果由观众决定。在2005年《超级女声》的巅峰之战中,李宇春以352万票夺冠,周笔畅327万票,张靓颖135万票,粉丝文化随即开始迅速发酵。

4. 节目版权引进时期（2010年—2015年）

对国外节目版权的引进早在1998年就开始试水,当时中央电视台体育频道购买了法国体育竞技节目《夺标》的版权,命名为《城市之间》,被称为第一档正式引进中国的国外版权节目。紧接着,中央电视台在1998年和2000年分别引入英国电视综艺节目《GOBINGO》以及《Who Wants to Be A Millionaire》的版权,在国内成功推出《幸运52》和《开心辞典》两档节目。其他电视节目制作方在之后几年也陆续尝试引进国外节目版权。比如,2007年湖南卫视推出的舞蹈节目《舞动奇迹》也是引入了英国BBC电视台《Strictly Come Dancing》的节目模式;2009年湖南卫视引进英国电视节目《Take Me Out》,播出《我们约会吧》。但是在2010年之前,对于国外电视综艺节目版权引进的尝试基本属于个案,并没有实现对国外版权引进的普及。

直到2010年《中国达人秀》出现,打开了引进国外正规电视节目版权的新局面,各大卫视不惜花重金购买海外正规版权。《中国达人秀》的节目版权属于英国独立电视台(ITV),由东方卫视购入版权并成功制作,期间签订了协议保证节目的制作绝对忠于原版。这档节目播出后收视、口碑皆有不错的成绩,其他电视台也再次意识到正版引进的好处,既可以获得节目创意,还可以得到版权方的专业指导,同时还能规避版权纠纷,是实现名利双收的好途径。

2012年,各种类型的电视综艺节目纷纷表现亮眼取得了收视佳绩,《美国偶像》被本土化后变身为《中国梦之声》在东方卫视播出,韩国MBC电视台的《我是歌手》模式由湖南卫视引进制作,浙江卫视引进《荷兰之声》做成《中国好声音》播出,中央电视台播出《谢天谢地你来啦》是引进了澳大利亚节目《你是主的恩赐》的模式,浙江卫视《中国星跳跃》来自荷兰电视节目《名人四溅》,江苏卫视的《星跳水立方》引进德国节目《临危不惧》。

2013年,我国引进国外版权的电视综艺节目达到井喷状态,据统计,各电视台播出的引进国外模式的节目多达56个,平均每个月有两档引进版权节目在各大卫视播出,仅上半年国内引进的综艺节目就达到30多档,相较于2012年的引进数量翻了一倍。

2013年10月,国家新闻出版广电总局颁布了《关于做好2014年电视上星综合频道节目编排和备案工作的通知》,明确规定"各电视上星综合频道每年播出的新引进境外版权模式节目不得超过1个"。此举的出发点是遏制不良竞争,鼓励电视节目自主创新。但之后,电视台与海外版权方的合作形式由单纯的版权引进变成了联合研发或联合制作。所谓"联合制作",并非指双方重新研发一个节目,而是以成熟的原版节目为基础,在支付版权费用的前提之下,原版制作团队派出制片人、编导团队、技术团队中的核心成员,加入中方团队的节目开发和制作团队,提供专业的指导意见,跟踪或参与拍摄过程,共同讨论如何实现本土化的问题。比如,浙江卫视的《奔跑吧兄弟》,该节目脱胎于韩国超高人气节目《Running Man》,由浙江卫视与韩国SBS原版制作团队联合制作。《奔跑吧兄弟》前五期由韩国团队主导,之后由中方独立制作。据该节目制片人俞杭英透露,韩国团队占制作团队人员的三分之一,有50人,包括各个工种。

在某种程度上,引进国外电视节目版权是我国电视业学习国外先进节目生产方式、创新节目形态的一种过渡性选择。引进节目版权不是购买节目本身,而是学习借鉴国外电视节目的"制作手册",其中对于导演、摄影、导播、灯光、舞美等各环节的职责和工作都有细致的描述和阐明,执行步骤精确到分秒,按章办事,高效运转。只有在制作过程中全程把控,保证执行的精准和到位,实现执行过程中的细节管理和量化管理,才可能将引进版权的效果最大化。经历模仿学习的阶段,建立了科学规范的生产机制,为我国原创电视综艺节目提供成熟的创作理念和模式。

5.原创节目复兴时期(2016年至今)

2016年,国家新闻出版广电总局正式发布《关于大力推动广播电视节目自主创新工作的通知》,此次通知详细规定了"与境外机构联合研发、邀请境外人员担任主创人员或境外人员在节目制作中发挥主要指导作用的节目,如中方未取得完全知识产权,视同引进境外版权模式节目管理",可以说基本涵盖了业内诸如"联合制作、联合研发、中外合拍"等节目制作模式的变通办法,规制了电视综艺节目的创作形式,鼓励我国各大电视台不断创新,自主研发。

国内音乐类电视综艺节目在经历了多年来向国外节目的学习和模仿后展现出了强大的创新能力。不靠赛制产生刺激感,不强调输赢带来的戏剧化,而以音乐作品带来的视觉、听觉和情感上的震撼体验为节目的核心立意,将工夫用在节目质量的打造上,让观众的注意力最大限度地回归音乐本身,从而尽量避免节目的低俗化和过度娱乐化。中央电视台的《叮咯咙咚呛》、北京卫视的《音乐大师课》和《跨界歌王》、四川卫视的《围炉音乐会》、湖南卫视的《幻乐之城》、江苏卫视的《金曲捞》等尤其引人关注,体现出国内音乐类电视综艺节目发展的新趋势。

中央电视台从2013年相继推出了《中国汉字听写大会》《中国成语大会》《中国谜语大会》,以及2016年初新推出《中国诗词大会》等一系列电视文化益智节目,湖南卫视的《中华文明之美》以情景短剧的形式向观众讲述中华文化典故,传播现代文明,北京卫视的《传承者》将被忽视与遗忘的各种非物质文化遗产呈现在观众面前,让观众重新认识中华文化的根与魂。

从明星娱乐到大众娱乐,随着文化市场的繁荣,文化需求扩大,电视综艺节目的演变沿着多元化、娱乐化、大众化的线索发展。中国电视综艺节目历经数十年变迁,又一次站在变革的起点上。2019年,法国戛纳春季电视节中,来自中国的《声入人心》《闪亮的名字》《上新了·故宫》《我是未来》《熟悉的味道》《即刻电音》《超越吧!英雄》七档节目逐一亮相,以独特的中国原创综艺向全球彰显中华文化的魅力。

湖南卫视的《我是歌手》和韩国MBC的《我是歌手》。

1.描述案例中两档电视综艺节目的参赛选手的定位及参赛场景的特征。

2.案例中的现场观众有什么作用?请举例说明。

3.案例中的悬念是如何设置的?

第二节
电视综艺节目的类型划分与特点分析

任务一 分析竞技类综艺节目的概念与特点

> **任务概述**

通过对竞技类综艺节目基本概念的讲述,学生可以初步了解竞技类综艺节目。

> **能力目标**

对竞技类综艺节目的要素有清晰的认知。

> **知识目标**

掌握竞技类综艺节目竞技规则的重要性。

> **素质目标**

使学生具备对竞技类综艺节目的鉴赏评价能力,领会其节目特点。

一、竞技类综艺节目的概念阐述

竞技类综艺节目是指选手在特定专业领域的场景或情景中,在竞技规则之下展现自身的专业技能,并且取得最终的竞技结果;选手需认真对待竞技规则,并且在竞争和淘汰的压力下面临层层挑战,节目对此进行真实记录和艺术加工,使竞技过程的呈现更加突出竞争的冲突性与严肃性。1955年,美国哥伦比亚广播公司(CBS)推出首档益智竞技类综艺节目《六万四千美元问答》,首次在电视综艺节目中设立高额奖金,节目的重点在于竞赛的乐趣而不是物质奖励。2000年6月,广东电视台制作播出了《生存大挑战》节目,成了我国最早独立制作的竞技类综艺节目,首次引入了竞争机制,将选手分为生存队与挑战队进行竞争淘汰。除了摄制组和电视观众投票外,选手也参与淘汰投票,选手之间的人际关系因游戏规则而变得复杂和紧张。

竞技类综艺节目发展至今可以具体划分为表演、歌唱、舞蹈、喜剧、户外、体育、益智等类型。

二、竞技类综艺节目的要素

1. 竞技选手定位

竞技类综艺节目选手定位的基本理念是在竞技环节中展现选手形象,在有限的节目时间里塑造能够给观众留下深刻印象、产生情感共鸣的人物。选手定位不是人为编造选手的身份和故事,而是通过编导有意识地精心安排设计,让选手自身的闪光点爆发出来,使选手成为真实立体可感的人物,从而直击观众内心。

竞技选手的定位经历了煽情(背后的悲苦故事)—励志(坚持奋斗的过程)—标签(具有社会身份的类型化角色)的过程。如今,在快节奏叙事的竞技类综艺节目中,要想在极短的时间内让观众记住选手,就需要将选手归类,赋予选手个体化的标签。标签最大的意义在于社会中的每个人都对某类标签有相应的认知。节目制作者在选手的标签设计上充分考虑性别、年龄、工作、家庭背景、受教育程度等因素,赋予选手合情合理的标签。针对非明星参与的竞技类综艺节目,标签一般需要具有两个特点:其一,拥有广泛的社会基础,能使观众产生亲近感和认同感;其二,与所竞技的专业技能产生强大反差,从而引发公众好奇的社会角色。

2. 竞技规则设定

竞技类综艺节目的竞技规则通常是由固定嘉宾驻场、踢馆嘉宾挑战而形成竞演排名,每期都伴随着嘉宾的淘汰和晋级。竞技规则是综艺节目的框架,竞技的专业性是填补框架的内容。在规定情景中给选手设定目标,节目进行中设置相应的板块,并以特定的规则进行竞赛是竞技类综艺节目的主要形态。选手需要做的就是在特定规则下尽力发挥,表现自己,竞技规则决定了选手需要如何做才能一步步地走向最终胜利,规则需要被严格遵守、认真对待。选手彼此之间的竞争可以很好地展现人物关系和情感波动,节目展现的就是每个选手不断积累进步的过程。随着节目赛程的发展,与选手相关的故事被更加深入的挖掘,这对于呈现节目选手形象、强化节目戏剧冲突发挥着重要作用。节目中的不确定性和突发状况能更好地在特定时间和空间环境中完善整个节目,强化选手参与节目的目的性,促使他们主动行动并进行更富感染力的艺术加工,创造节目中的紧张感和悬念。在严格的竞技规则之下,选手才会认真表现出得分时的喜悦、困境时的坚持、对战时的激烈,这些都能够让观众感同身受,从而产生强烈的共情效应。

3. 竞技评委点评

竞技类综艺节目中评委点评是节目内容中的重要元素,起着支撑节目结构的重要作用,竞技类综艺节目中技能的展示需要评委运用自身的专业修养和个人角色定位进行点评,评委和选手之间的互动也是节目的重要组成部分。评委的点评需要把握好分寸,刻意煽情会将节目置于俗套的窠臼,毒舌挖苦也会让选手难堪、观众尴尬。因此,评委点评的语言应体现人文关怀,尊重人、理解人、关心人,尊重人的个性和情感,理解人的诉求和期许。因此,评委之间的配合也显得尤为重要,既需要专业视角提升节目档次和高度,也需要平民视角符合观众的欣赏水平,更需要走温情柔和路线来剖析选手的情感因素。评委们从不同角度出发,相互配合调节气氛,更好地掌握比赛节奏,传递正确的价值观。

4. 竞技结果悬念

竞技类综艺节目的核心吸引力在于竞技比赛中的冲突和悬念,节目力求展现选手外在的行为对抗和内在的心理冲突,从而让观众持续关注。竞技类综艺节目的高潮发生在竞技结果宣布的时刻。参与竞技的选手面对未知的竞技结果,整期节目铺垫的悬念在此刻达到高潮,选手在结果揭晓之前或紧张忐忑或平静坦然的表情,以及经过激烈的竞技获知结果之后的情绪变化通过特写镜头呈现。宣布结果的过程能给予现场戏剧的张力和复杂的情感。窥视与好奇心是观众观看竞技类综艺节目的主要心理动机,观众可以依靠自己的想象对节目选手的表现以及比赛结果做出预测,这一过程也是观众参与节目的过程。

5. 竞技过程的情感细节

竞技类综艺节目在竞技过程中选手的情感流露犹如锦上添花一般,为紧张的氛围增添了动人的一幕。《极速前进》第二季中,曾志伟、曾宝仪父女之间的情感流露感动了观众,在古堡营救的环节中,严重恐高的曾宝仪被悬在城堡高墙上,需要由父亲曾志伟借助绳梯爬上33米高的城墙敲响铜锣才能让女儿免于掉进脏臭的泥潭;曾志伟爬到三分之一处时,已经举步维艰,坦言第一次意识到自己手短腿短。曾宝仪因为担心父亲会受伤,力劝父亲中止任务,不要再爬了。曾志伟气喘吁吁地对女儿说了句"对不起",让曾宝仪深受触动:"我这辈子第一次听我爸爸说对不起,我永远都不会忘记。"曾宝仪含着眼泪说道:"在那一刻,我变得无比释怀,觉得一切都无所谓了。"正如《极速前进》的总制片人易骅所说,这就是这档节目的魅力所在。她表示,当节目把你所有熟悉的环境都隔离起来后,在《极速前进》里面,你唯一熟悉的就是你的搭档,唯一能帮助选手过关的就只有爱和相互之间的信任,而这个时候他们会突破很多之前的壁垒,这一天的经历也许会把累积多年的情感都爆发出来。这正是《极速前进》想要表现的人与人之间的情感:爱能让彼此成长,爱能让我们无敌。这也是竞技类综艺节目所追求的情感细节。

《中国诗词大会》第三季总决赛、《极速前进》第二季。

1. 试描述案例中参赛选手的定位。
2. 试描述案例中竞赛场景的设置。
3. 案例中的竞赛环节有哪些,试举例说明。
4. 试分析案例中主持人的作用。

任务二　分析生活服务类综艺节目的概念与特点

> **任务概述**

通过对生活服务类综艺节目基本概念的讲述,学生可以初步了解生活服务类综艺节目。

> **能力目标**

对生活服务类综艺节目的特点有清晰的认知。

> **知识目标**

掌握生活服务类综艺节目的社会议题。

> **素质目标**

使学生具备对生活服务类综艺节目的鉴赏评价能力,领会其节目实用性。

一、生活服务类综艺节目的概念阐述

《广播电视辞典》中给服务类节目下的定义是:以实用性内容为主,直接为观众日常生活、学习、工作服务的电视节目。这类节目通过传播信息、解答问题和反映群众呼声,帮助受众解决日常生活、工作和学习中的各种实际问题,为社会提供直接、具体的服务。生活服务类综艺节目最核心的元素是实用性,不管节目内容涉及的是信息、技能还是社会现状、感情体验,都要具有实用性。

《转向:中国电视生活服务节目之变迁》一书中定义生活服务类综艺节目:为人们实际的直接需求或需要提供知识、信息等实际帮助的电视节目。从题材内容上包括对衣食住行用等物质的日常生活需求的服务;对婚恋交友等社会交往需求的服务;既包括对购物、时尚、享受等物质消费需求服务;也包括对心理困惑、情感纠纷等内在精神、情感的具体需求的服务,都来自对人的生命健康和安全等需求的服务。将生活服务类综艺节目的题材范围划分为日常生活、社会交往、消费需求和情感服务四个方面,从物质到精神、从外在消费到内在困惑都可以通过节目服务于观众。

生活服务类综艺节目的概念可以总结为以实用性内容为主,为观众提供日常生活、人际交往、消费需求、情感服务、工作职场等方面的服务,通过传播信息、解答问题和反映群众呼声,帮助受众解决日常生活、工作和学习中的各种实际问题为己任,为社会提供直接或间接服务的综艺节目。

二、生活服务类综艺节目的艺术特点

1.服务实用,解决实际问题

"服务实用,解决实际问题"的特点是由生活服务类综艺节目的核心要素决定的,从节目诞生就决定了。生活服务类综艺节目的诞生是伴随着改革开放开启时代新篇章应运而生的。《为您服务》于1979年8月12日首次播出。1983年1月1日,中央电视台正式固定开播《为您服务》栏目,每周一19:45播出。正如该栏目主持人沈力所言:"《为您服务》栏目是在改革开放的大好形势下出台的,这时人们的思想观念和生活水平正在发生新的变化,人们渴求新的知识,渴求丰富多彩的生活。于是《为您服务》这个新栏目应运而生。"随后出现的情感调解、相亲交友、职场招聘等节目都是与人们生活息息相关的节目形态,以提供实际服务为宗旨。2018年开播的《向前一步》,开创了媒体参与社会治理的有效路径。节目围绕城市发展进程中亟待解决的热点、难点问题,邀请城市管理者、当事人、专家调解员、媒体观察员、心理咨询师、专职律师、邻里关联人等,多角度、面对面展开讨论。由百姓抛出疑问,主持人层层深入推进、政府官员诚恳回答、现场观众客观评断、相关专家抽丝剥茧,使得问题能够得到及时反映和解决。

2. 情感共通,挖掘普遍社会议题

关注情感问题的综艺节目近两年相继推出。比如,夫妻类的《妻子的浪漫旅行》《做家务的男人》,恋爱交友类的《我家那闺女》《我家那小子》《女儿们的恋爱》《遇见你真好》《喜欢你我也是》,减肥类《哎呀好身材》,独居生活类《我和我的生活》,职场生存类的《我和我的经纪人》《令人心动的offer》等。在题材上聚焦引发情感共鸣的社会议题,节目中会从明星生活出发探讨具有社会普遍意义的议题。比如,"大龄未婚青年面临催婚""工作压力大""复杂的人际关系""情侣之间情感信任的缺失""男女朋友该不该见双方父母"等。由演播室的情感观察员陪同明星家人对明星嘉宾的生活、事业、爱情、人际关系、心理状态等诸多方面进行深入的分析和探讨。与其说节目在"观察"明星,不如说是在"观察"观众自己。观众能通过节目,"观察"到同样的焦虑或压力,继而引发共鸣、反观自己。这些社会议题折射出的真实境况,恰好是当代青年普遍存在的矛盾与困扰。如何"观察"已经进入模式化的操作,"观察什么"成为这类综艺节目的核心创造力。

3. 故事讲述,贴近百姓生活

生活服务类综艺节目多是采用讲述故事的手法支撑节目架构,强调悬念的营造、戏剧冲突的铺垫,以记录普通百姓的人生境况与人性光辉为节目主旨,拥有强烈的人文关怀与伦理道德导向。例如,《交换空间》展现平和的平民故事,2014年东方卫视开播的《梦想改造家》展现的则是冲突的社会故事。首先,在节目家装委托人的选取上倾向于城市居住困难和家庭关系存在矛盾的群体,关注他们的家庭故事和人物间的矛盾冲突,深度参与委托人的现实生活,甚至引入心理咨询师调解矛盾。其次,邻里矛盾也增加了戏剧性冲突的不可预知性,在某一期婚房改造的节目中,由于邻居阻挠,最终导致片方不得不对方案进行调整;节目还出现过天梯房改造过程中邻居叫停的情况。最后,委托人和设计师的关系属于合同中的甲乙方关系,在《交换空间》中节目组出钱装修,节目中的嘉宾对于设计师更多的是感谢而甚少提出修改意见,但是《梦想改造家》中的家装经费来自委托人,这要求设计师的设计理念要完全符合委托人对于"家"的梦想。因此,在节目中会出现设计师修改多次才能满足委托人的要求的不确定状况。这种甲乙方的关系也符合现实中的家装过程。节目运用实地记录的手法,展现普通百姓的家装过程,聚焦了现实社会关系中的复杂性和戏剧冲突性,最为重要的是在经历过跌宕起伏、一波三折的家装过程后,刻画了社会中家庭关系、邻里关系、合同关

系等人与人之间的真诚情感,体现了人们互相体谅的品质,最终帮助委托人实现了梦想中"家"的改造。

《四大名助》《梦想改造家》《向前一步》《我家那闺女》。

试分析案例中生活服务类综艺节目的特点。

任务三 分析游戏类综艺节目的概念与特点

> **任务概述**

通过对游戏类综艺节目基本概念的讲述,学生可以初步了解游戏类综艺节目。

> **能力目标**

对游戏类综艺节目的节目特点有清晰的认知。

> **知识目标**

掌握游戏类综艺节目游戏冲突的关键。

> **素质目标**

使学生具备对游戏类综艺节目的鉴赏评价能力,领会其节目趣味。

一、游戏类综艺节目的概念阐述

游戏类综艺节目是指在内容上突出趣味性、娱乐性,形式上突出参与性和对抗性,而非严肃竞技的综艺节目。游戏类综艺节目通过带有对抗性的游戏环节设置,在游戏中表现节目的趣味性,吸引观众参与,这种参与一方面是指现场观众可以参与到游戏的进程中,另一方面是所有观众在心理上的参与,让观众也能体会到游戏的乐趣,即观众在情感上与节目的游戏性发生互融共振。

1993年,上海东方卫视开播了一档叫作《快乐大转盘》的节目,率先引爆了游戏类综艺节目的风潮。但是,真正将游戏类综艺节目推至全国范围的是《快乐大本营》。1997年7月,湖南卫视的《快乐大本营》开播,并于1998年12月与中央电视台1998年的《春节联欢晚会》一起荣获第16届中国电视金鹰奖优秀电视文艺节目奖,这在中国电视评奖史上是史无前例的。结果一经公布便引起广泛讨论,不少专家认为这是"中国电视文艺发展的一种新思维""必将引起一场综艺节目的变革""这是受众新的审美心理倾向的验证"。这些讨论不仅仅基于中国电视游戏类综艺节目此前经历的兴衰,也是因为传统的电视节目类型中,晚会类节目比如《正大综艺》《综艺大观》往往是集娱乐与文化于一体,属于大力倡导的节目样态。而《快乐大本营》获得国家级奖项,肯定将会影响中国电视节目形态的审美趋向。

二、游戏类综艺节目的艺术特点

1. 不断创新的游戏设计

游戏设计是游戏类综艺节目的生命力,游戏环节的创新直接影响着节目的发展。创新需要结合当下最新的潮流文化现象,融合知识性、趣味性以及互动性。以《快乐大本营》为例,2012年4月21日推出子栏目《啊啊啊啊科学实验站》,以科学和游戏结合的方式呈现出不一样的节目效果和科学实验,创造了融知识性、趣味性、互动性为一体的"互动体验"游戏,游戏环节摒弃了传统的知识说教和讲授,从生活中经常被人们忽略的小问题出发,"质疑—体验—解惑"形成生动的游戏链条,复杂的科学原理在体验与互动中变得清晰易懂。2015年5月2日,《快乐大本营》节目组又推出"我想静静"游戏环节,主打"降噪环保真人互动"的创意板块。看似简单的小游戏,在分贝数的限制下成了不可能完成的任务,在游戏中传递了低噪的环保理念。比如,平时开一罐可乐轻而易举,但在声音大幅放大的情况下,就必须用最慢的速度、最小的动作以及最大的耐心,让音量不超过设定的分贝。这样的创意游戏设计极具趣味性和吸引力。

2. 简单直观的游戏趣味

游戏类综艺节目建立在纯粹的快乐原则之上,感官的愉悦是第一要务。趣味性也是观众判断游戏类综艺节目是否好看的标准。因此,在节目的策划制作中必须特别注意趣味性,不断追求新奇的创意,寻找新的兴奋点,恰当地把握游戏的难度、惊险度和刺激性,努力营造出此起彼伏、扣人心弦的悬念以吸引观众的眼球。《王牌对王牌》第四季由沈腾、贾玲、华晨宇、关晓彤担任常驻嘉宾,其中作为喜剧演员出身的沈腾与贾玲在节目中的作用至关重要。比如,在第十期节目"王牌歌手大赛",歌手沈腾装扮成王菲与那英合唱,重现经典歌曲《相约98》;沈腾的装扮和唱歌举止让那英忍俊不禁,唱歌环节频频重录,观众看了自然也爆笑连连。游戏类综艺节目中的歌曲演唱与晚会节目或者音乐类节目中的表演不一样,游戏类综艺节目展现的是趣味性,追求滑稽的表演。

3. 故作认真的游戏冲突

游戏类综艺节目中的冲突与竞技类综艺节目中的冲突颇为不同。游戏类综艺节目中的冲突是建立在趣味性的基础上,是消解严肃的设置,冲突的结果不会导致失败的结局,最后在观众的笑声中达成和解。而竞技类综艺节目中的冲突源自竞技规则的严肃性,冲突的结果会导致淘汰的结局,必定不会产生和解的局面。就像《奔跑吧兄弟》和《极速前进》,前者是游戏类综艺节目,后者是竞技类综艺节目,节目中嘉宾对待冲突的态度就大不相同。

案例分析

《快乐大本营》《奔跑吧兄弟》《王牌对王牌》。

思考题

试分析案例中游戏类综艺节目的艺术特征。

任务四 分析文化类综艺节目的概念与特点

任务概述

通过对文化类综艺节目基本概念的讲述,学生可以初步了解文化类综艺节目。

能力目标

对文化类综艺节目的特点有清晰的认知。

知识目标

掌握文化类综艺节目的类型划分。

素质目标

使学生具备对文化类综艺节目的鉴赏评价能力,领会其节目特点。

一、文化类综艺节目的概念阐述

对于文化类综艺节目的概念,高鑫在其论文《深沉的文化意蕴——1994年度"中国电视奖"社教节目文化类获奖节目述评》中这样说道,我国的文化类综艺节目主要是指精神文明这一领域,也就是人文文化,概括起来主要包括地域文化、宗教文化、艺术文化、民俗文化、自然文化等方面。应该说这些文化类综艺节目,都从中国文化的特殊视角和背景上,对我们民族的历史和文化做了较为深沉的历史反思和形象展现。比较全面地揭示了我们这个民族的地形地貌、风土人情、文物古迹、风俗习惯、土木建筑、宗教医道等文化形态,以不同的形式和表现手段,对我们民族独特的文化形态给予了深刻认识和全面观照,充满了浓郁的科学性、知识性和观赏性,具有较深刻的认识作用和审美价值。这一概念较全面地概括了文化类综艺节目中"文化"的内容要素。

文化类综艺节目是指遵循电视艺术创作规律,充分利用电视艺术多元表现形态,对风土人情、艺术生活、文物古迹、文化名人与文化知识等内容进行创造性呈现,既保留原有文化艺术的特征,又发挥了电视综艺节目制作的特殊艺术形态,并立足于传递传统文化与挖掘时代精神的精髓,以期形成感染、娱乐、启发观众的电视节目艺术形态。

二、文化类综艺节目的类型

文化类综艺节目从内容题材来讲可分为以下类型。

1. 风土人情类

风土人情类综艺节目的内容涉及探寻自然界的神奇奥秘、动植物界的鲜活生命、饱含历史的人文建筑、别具一格的民俗风情。一般情况下此类节目以纪录片的拍摄方式呈现,比如《人与自然》《动物世界》《探索·发现》《文明中华行》等。

2. 艺术体验类

艺术体验类综艺节目将拍摄视角远离人们的日常生活,针对不同类型的艺术形态,比如戏曲、电影、音乐、舞蹈、美术、设计等,也包括一大批非物质文化遗产如剪纸,通过展现艺术本身及其背后的故事呈现给观众不同的艺术体验。比如在节目《电影传奇》中,涉及中国电影从诞生到新民主主义革命基本结束及中华人民共和国成立后中国拍摄电影的历程,节目中选取一部电影讲述其创作过程,以及背后的逸闻趣事,并穿插这部电影的参与人员或他们的亲朋好友讲述拍摄过程中的故事,具有很高的史料价值,也引起了广泛的情感共鸣。在节目《传承者》中聚焦非物质文化遗产,第一季节目中展示了霍童线狮、马头琴、侗族大歌、蒙古箭术、高台花鼓、川北大木偶等上百项非物质文化遗产传承项目。

3. 文物古迹类

文物古迹类综艺节目主要有两方面的内容,一方面是文物藏品展示讲述、收藏趣闻轶事、专家鉴定评述以及观众竞猜藏品价格等,代表节目有《鉴宝》《国家宝藏》等。另一方面的内容是寻访历史遗迹、追述时代变迁、探求文化发展,比如,《这里是北京》以"探寻古都风物、传承人文风情"为主旨,在展现老北京人文景观的基础上,意欲凸显新北京的人文风貌,在"重访八大处"这一期节目里,拍摄了佛牙舍利、敬佛碑古迹、香界寺、乾隆行宫、香界寺铁椅等八处名胜古迹。

4. 文化名人类

文化名人类综艺节目主要是选取文化领域的名人或有特殊贡献的人,讲述他们不同寻常的人生经历,探讨他们所取得的成就,讲述他们的人生真谛,挖掘人物所带有的文化内涵。比如《对话》《世界大讲堂》《文化访谈录》等。

5. 文化知识类

文化知识类综艺节目可以分为自然科学类和社会科学类,自然科学类在于解密科学事件的真相,记叙重大的科学考察、科技成就、自然探险的发展过程,报道科学界的最新动态,介绍实用的科学技术,普及文化知识,展现科学探索的精神,比如,《科技博览》《百科探秘》《科技苑》等。社会科学类则侧重于历史、文学、文字等方面的内容,采用大众的语言、故事化的展示手法,使观众在潜移默化中接受文化的熏陶,比如《百家讲坛》。

如果按照具体的电视节目艺术表现形态划分,则文化类综艺节目的种类更加多样化,例如竞技类的《中国诗词大会》,访谈类的《读书》《读书时间》《邻家诗话》,演讲类的《百家讲坛》《中国正在说》,表演类的《国家宝藏》《上新了故宫》《传承者之中国意象》,朗读类的《朗读者》《见字如面》,纪实类的《客从何处来》等。

三、文化类综艺节目的艺术特点——以文化为内核,以综艺为包装

2014年1月23日,国家新闻出版广电总局下发了《关于积极开办原创文化节目弘扬和传承优秀传统文化的通知》,要求"弘扬和传承优秀传统文化,建设社会主义文化强国,提高全民族文化修养和文明素质,是广播电视媒体的文化责任和社会责任。各广播电视机构特别是电视上星综合频道要深入挖掘传统文化资源,学习借鉴《中国汉字听写大会》等节目的有益经验,不断迸发创造智慧,积极开办以弘扬和传承优秀传统文化为主旨的原创文化节目。"此后,除继续保持良好发展势头的中央电视台《中国汉字听写大会》、河南卫视《汉字英雄》、河北卫视《中华好诗词》等节目以外,还有中央电视台《中国谜语大会》《中国成语大会》《中国诗词大会》,湖北卫视《非正式会谈》,北京卫视《传承者之中国意象》等以传统文化元素为核心,彰显传统文化魅力、发扬传统文化精神的原创节目相继播出。

总体来说,文化类综艺节目在节目叙事架构上,有人物、有情节、有互动、有共鸣、有趣味,包括了综艺娱乐、真人秀、益智游戏等表现手段,注重节奏的起承转合,运用全媒体传播手段,为长期处于表达困境的电视文化节目找到了新的样态和坐标,具备符合当下时代特征的平易性、生动性和亲民化的叙事表达。与此同时,大多数原创文化类节目都采用了竞技的形式,在汉字、成语、诗词、谜语、历史人物等文化细类上几乎全部采用竞技的形式,由专家作为嘉宾进行评判和裁决。但是,每一档节目对具体的节目流程、竞技规则等进行了专属的精心设计。而且,巧妙地植入赛制,并在其中有机地融入了情景表演、影视片段、书画展示、歌曲演唱、舞蹈表演等综艺元素,开辟了影视题、沙画题、歌曲题、成语题、书画题、表演题等新的题型样式,有效地提升了节目的可看性、趣味性、参与性和互动性。

《中国诗词大会》《上新了故宫》。

试分析案例中文化类综艺节目是如何体现文化元素的。

任务五 分析谈话类综艺节目的概念与特点

> **任务概述**

通过对谈话类综艺节目基本概念的讲述，学生可以初步了解谈话类综艺节目。

> **能力目标**

对谈话类综艺节目的类型划分有清晰的认知。

> **知识目标**

掌握谈话类综艺节目的特点。

> **素质目标**

使学生具备对谈话类综艺节目的鉴赏评价能力，领会其节目特点。

一、谈话类综艺节目的概念阐述

电视谈话类综艺节目（talk show）源自美国，是指将人际间的谈话交流引入电视屏幕，并将这种交流直接作为节目的内容和形式的电视节目形态，重点是使谈话者从基于角色关系的角色传播进入基于人际关系的人际传播。谈话类综艺节目是在一个相对固定或者流动的生活状态下的谈话现场，主持人与嘉宾、现场观众面对面口头交流信息，交流话题的范围较广，交流双方或者多方的互动性强；交流过程中除了语言以外，交流现场的人物表情、动作、姿势、情绪以及现场氛围的整体感知和即兴反应都至关重要。节目中经常把特写镜头定格在现场人物瞬间变化的面部表情上，其中的原因就在于面部表情富有变化，具有不可控性和表现力，是现场交流的非语言符号中十分重要的信息来源和手段，能够反映人物的情绪波动。因此，谈话类综艺节目是通过电视媒介试图再现或还原日常谈话状态的一种节目形态。

二、谈话类综艺节目的类型划分

1. 演说类

演说是指在公众场所，运用有声语言，辅以肢体动作、面部表情，针对某个具体问题，鲜明、完整地发表自己的见解和主张，阐明事理或抒发情感，进行宣传鼓动的一种语言交际活动。因此，能够形成演说类综艺节目的基本形态在于：首先，嘉宾向观众表明观点立场，为保证完整性，中间不需要语言的互动交流但不妨碍情感交流；其次，表情达意要有鼓动性，节目借助电视荧屏为传播平台，以嘉宾"说话"为内核,以现场演说为目的,以讲述自身经历、他人故事或探讨社会热点等为演说内容,以阐述观点和宣传主流价值观为宗旨,兼具纪实性、教育性、竞技性和娱乐性。比如,《开讲啦》《超级演说家》《我是演说家》《青年中国说》等。

2. 聊天类

聊天类综艺节目中,主持人根据话题需要,邀请不同身份、不同职业特点的嘉宾到演播室进行现场交流。其特点是嘉宾代表面广,可以真诚沟通、各抒己见,交流气氛宽松、亲切、自然,娓娓道来、如话家常,一般在思想交锋时也不会形成激烈的言语冲突,适用于讨论大众普遍关注又无重大分歧,经过深入交流、探讨可能达成共识的议题。比如,《锵锵三人行》节目中"意识流"般的侃谈,无疑接近日常"聊天"的本来面目;节目《圆桌派》中邀请精英人士以聊天对话的形式对当前引发关注的社会现象和问题进行谈论,让观众在一种轻松的氛围中既能娱乐又能汲取人生智慧。

3. 访谈类

访谈类综艺节目,一部分属于明星人物专访,是主持人与嘉宾之间的交流,主持人在与明星交谈时也要把自己的观点和见解表达出来参加探讨,一般情况下嘉宾人数不多,常常是一位,比如《非常静距离》。另外一部分往往是采访某领域的专家、权威或者某事件的当事人,谈论的话题也相对严肃,能反映一定的品位和内涵。通过主持人与重大事件当事人、目击者的交流,揭示幕后的故事,反映时代的变迁和嘉宾的思想境界。访谈类综艺节目有时也采取聊天的形式,但与聊天类综艺节目仍然有细微的差别:访谈类综艺节目多数情况下为两人交流,聊天类综艺节目人数可多可少;访谈类综艺节目的话题、角度往往经过精心选择,甚至比较专业,聊天类综艺节目的话题、角度相对家常化,气氛更轻松。

4. 辩论类

辩论类综艺节目中,谈话各方的观点有重大分歧,分别站在正反两方,在现场通过言语交锋表达各自立场的观点,主持人以客观公允的态度引导他们充分陈述。其特点是紧张、冲突,适用于讨论社会上出现的新事物、新现象、新思潮,以及人际关系、民事纠纷等。比如,《奇葩说》中看似不着边际的辩题实际上往往引发观众的深入思考,如第六季第四期辩题"美术馆着火了,一幅名画和一只猫只能救一个,你救谁",实际上辩题的实质在于"选择救猫体现的是对生命的尊重,选择救画在于对艺术价值的肯定",讨论艺术与生命孰轻孰重,让观众在辩论中加深思考。类似的辩题还有:"新技术可以让全人类大脑一秒知识共享,你支持吗"在于思考人类与文明的关系;"键盘侠到底是不是侠"重新审视网络环境;"高薪不喜欢和低薪喜欢怎么选"引发年轻人对职业生涯的考量;"生活在外地,我过得不开心,要不要告诉爸妈"启发观众在忙碌的工作中考虑亲子关系等。

5. 脱口秀

"脱口秀"是对英语"talk show"的音译,国内的脱口秀节目,在节目形态上更多关注主持人的单口秀部分,突出娱乐功能,展现的是主持人自身的魅力。比如,《大鹏嘚吧嘚》《金星秀》等。美国业内人士通常将时长在一个小时左右的聊天或杂耍节目称为"talk show"。在美国,电视"脱口秀"是从广播"脱口秀"中走出来的,早期的"脱口秀"以新闻评论为主,主要对近期发生的新闻热点进行谈论评说,主持人对来宾进行访谈或者上门对人物进行采访,通常主持人和来宾都不准备讲稿,而是靠现场随机应变。

三、谈话类综艺节目的艺术特点

1. 主持人定位:从倾听者到观察者再到参与者

谈话类综艺节目的主持人始终是节目的核心因素。主持人的角色定位根据时代的发展与观众的诉求经历了多次变化,从最开始的节目流程把控者、倾听者,发展到观察者和参与者。作为倾听者,主持人的重心不是自己说了什么、表达了什么观点、展示了自己多少口才,而是在于向嘉宾提问进而引导嘉宾尽情表达意见,鼓励嘉宾陈述观点和进行情感交流。发展到后期的谈话类综艺节目,将主持人置于参与者的角色中,通常需要主持人在自身气质与节目标签化之间寻求合理的平衡,节目的内容更多是主持人与嘉宾的双向了解,主持人在特定氛围下既是访谈者也是观察者和参与者。节目展现的是双方互相了解的过程,由此建立起这一类节目独有的优势和魅力,比如,朱丹的《丹行线》和谢霆锋的《锋味》。

2. 情感转向:从理性克制到感性体验

带有感性体验的鲜明风格、输出价值观和情感态度是近期谈话类综艺节目的共通之处。相对于早期谈话类综艺节目中的客观冷静、理性克制不同,主持人的个人感觉变得至关重要。《十三邀》节目的宣传语是"带着偏见看世界",作为节目主持人的许知远,对嘉宾提出的很多问题是带有鲜明个人风格的,甚至更多地需要嘉宾迁就他的主观判断。许知远表现出强烈的个人观点,并不是一个好的倾听者,但是并不影响节目本身的吸引力。《仅三天可见》的主持人姜思达从不抗拒表达"自我",用感性的方式去感受自己和嘉宾之间产生的交流。姜思达在节目里毫不掩饰自己的好恶、态度和观点,甚至直接用"讨厌"来形容于正、直接表达自己融入不了池子的圈子,节目中随处可见姜思达的内心独白。

3. 话题来源:从个体人生历练到社会公共议题

2019年,《奇遇人生》第二季第三期邀请的嘉宾是刘雯,这位蜚声国际的超级名模和淘金四姐妹一起体验三天的北极淘金生活。在节目中她坦承:"其实我一直觉得风景也好,地点也好,最重要的是你跟谁去。因为我觉得那里再好,如果只有你一个人,没有人能分享的话,应该还是会很寂寞吧,即使你可以每天干很多事,把自己弄得筋疲力尽,倒头就睡。"刘雯的情感经历让她自我调侃"工作就是男朋友",这样的说法遭到《奇遇人生》总导演反驳为"选择性失忆",面对事业的成功和情感的失利,刘雯难掩悲伤动情落泪。这样的情感困惑能引起当前社会中普通人群的广泛共鸣。

2019年,陈鲁豫推出新节目《豫见后来》,有一期主题聚焦"追星族"这一群体,节目嘉宾是杨丽娟,在经历了曾经轰动社会的追星事件之后,她面对现实困境和亲人离逝的思考,节目中用更加主流的价值角度解答了人们对杨丽娟的疑惑。《豫见后来》对"追星族"的关注,其实是想要通过个体人生经历来表达多元的选题范围,进一步延伸到社会公共议题。

4. 谈话场景:从演播室到纪实情境

2018年,《奇遇人生》《今晚九点见》《丹行线》《锋味》《鲁豫有约一日行》《不止于她》等纪实谈话类综艺节目集中爆发,这些节目几乎均是标榜采用纪实性镜头语言真实记录,更加重视人物内心与思考等元素的挖掘,回归最初谈话类综艺节目吸引观众的本心,由此也提高了谈话类综艺节目场景设置的重要性。

谈话类综艺节目无疑是在一个"信息场"中挑选观众感兴趣的信息。传统的谈话类综艺节目将信息场置于演播室中,如今节目的信息场则置于真实的生活环境之中。信息理论认为"信息不是事物本身,而是事物的存在方式和运动状态,以及关于事物存在方式和运动状态的陈述。因此信息在形态上可分为两大类:直接信息——事物的存在方式和运动状态本身,这种信息本身是无序的,它通过感官引起知觉活动;间接信息——关于事物存在方式和运动状态的陈述,这种信息是有序的,它通过感官直接影响理智生活。"谈话类综艺节目中主持人、嘉宾、现场观众的谈话内容传达的是间接信息,电视图像传达的人物、场景、气氛等其他非语言因素则是直接信息。在纪实情境中,环境、氛围、人物心态等始终处于动态变化之中,谈话的内容也与场景氛围相契合,在直接信息和间接信息的共同作用下给观众提供观察和体验的时空。

《鲁豫有约》《奇遇人生》《奇葩说》。

试分析谈话类综艺节目的艺术特点。

第三节
纪实类综艺节目的创作特点

任务 分析纪实类综艺节目的创作特点

> 任务概述

通过对纪实类综艺节目基本概念的讲述,学生可以初步了解纪实类综艺节目。

> **能力目标**

对纪实类综艺节目的创作特点有清晰的认知。

> **知识目标**

掌握新时期纪实类综艺节目的基本内涵和艺术特点。

> **素质目标**

使学生具备对纪实类综艺节目的鉴赏评价能力。

一、纪实类综艺节目的概念阐述

纪实类综艺节目采用的是纪录片的拍摄方式,并且没有主持人和旁白在节目中起穿针引线的作用,在特定的自然环境中将明星嘉宾的真实生活状况记录下来。为了展现最符合明星私下真实生活的一面,节目制作采用无剧情设计和零干预的拍摄手法,将明星与自然环境的冲突、明星内心的情感波动记录下来,最大限度地接近和还原真实,虽然一定程度上弱化了节目的戏剧性情节,却能使纪实感更加凸显。

相对于其他类型的综艺节目,纪实类综艺节目是近几年才出现的并且发展迅猛。纪实类电视综艺节目有《向往的生活》《变形记》《生活相对论》《忘不了餐厅》等,纪实类网络综艺节目也不乏优秀的代表作,比如《奇遇人生》《幸福三重奏》等。这些纪实类综艺节目在极力移除明星身上繁杂的社会身份的基础上,力求贴近他们最私人的平凡生活和情感,并将这份真实记录下来,观众可以完整地感受节目内容的呈现,看到清晰的人物关系以及完整的事件发展过程。

二、纪实类综艺节目的艺术特点

1. 叙事格局:没有预设的主题和环节,开放式结尾

纪实类综艺节目不刻意创造环境和营造戏剧冲突,使嘉宾自然进入理想生活的试验场,以社会纪实的手法捕捉嘉宾的真实情感状态,采用开放式结局引发观众立体多面的思考,真正凸显了纪实类综艺节目作为大众文化产品的社会价值。在纪实类综艺节目《我们的法则》中,将八位明星嘉宾送至马达加斯加岛屿的原始丛林中,没收所有电子设备、不提供任何生存帮助,几十个小时没有住所、没有食物、没有水源,让他们在荒野之中求生。在自然条件极端多变的岛上,吃饭、睡觉、寻找水源、搭建房屋各种生活细节都成为节目展现的重要内容。节目组零干预默默拍下每一幕情景,将所有冲突与看点都交由大自然的变幻莫测,展现每个成员的真实状态,将明星嘉宾"去明星化",将他们变回求生的普通人。

《奇遇人生》更是将这种开放式的叙述手法发挥到了极致。曾经拍摄过纪录片的导演赵琦直言"他们(观众)也想看到生活的本源,看到不可控不可预知的东西,我们只是提供了真实生活的一个

剖面。"节目中明星嘉宾抛开繁杂日常和社会身份,尝试一直向往却未曾体验的人生,在不同的生存状态下表达不同于以往的价值观,通过温暖的故事表达自我的探索和思考。在《奇遇人生》第一季中,嘉宾春夏到美国追逐龙卷风,从最初的兴奋、紧张、期待到接连多天赶路却总是追不到龙卷风,春夏最终忍不住失望落泪,美国向导马丁安慰她说:"我不能为你们制造龙卷风,我只能带你们感受大自然,去享受追风的过程。"在这个过程中,真实的生活会带来人物情感的变化,节目真实地把生活中细碎的东西呈现出来,向外探索未知的边界,向内触及明星的内心变化,以包容增进对人生的理解,以及对自我的认知,即使没有故事性、戏剧性,也会引发观众的思考。

2. 叙事线索:以生活体验为轴

纪实类综艺节目一般采用24小时不停机的拍摄手法,不干预拍摄的"实境观察"对"艺人群像"进行拆解,让明星的视角成为观众感受生活的视角,感知普通人个性化的生活理念,体验多元的生活方式,以开放的姿态提炼现实生活的议题。节目的重心始终围绕"生活"这个终极命题,落脚点是社会人对理想生活的探讨和个性化生活理念的诉求。比如,《向往的生活》《中餐厅》《亲爱的·客栈》《青春旅社》《漂亮的房子》《三个院子》《生活相对论》等生活体验为主的纪实类综艺节目。节目要紧抓人与人之间的情感共振点和同理心,凸显"理想生活"的节目主题,提取出生活本身的乐趣。

《变形计》以"体验不同人生,达到改善关系、解决矛盾、收获教益"为节目宗旨,安排两位成长环境与生活经历截然不同的青少年主人公进行人生互换体验,主要就是体验对方的生活。节目同样采用每天24小时跟拍,略加剪辑后即以原生态播出,品察双方思想最微妙的情绪触动,两位主人公成长环境与生活经历截然不同的反差为节目带来了不少矛盾冲突和戏剧张力。虽然节目主张纪实拍摄,不干预,但是多年来也形成了一定的模式,来自城市的主人公到农村后一般会按照如下模式进行:受到热情招待—干农活—因不堪生活艰苦逃跑—在学校与老师或同学争吵—闯下大祸—为弥补过错而打工挣钱—最后落泪醒悟,表示"变形"成功。

3. 人物关系:以共通的情感为表达终点

情感元素是纪实类综艺节目塑造与观众之间亲密关系的关键。不管是夫妻关系、朋友关系还是寻求自我认知,纪实类综艺节目始终聚焦的是人作为社会人所必需的情感,这种情感也是现实中每一位观众所面对的。高强度下的现代社会,日益紧密的网络联系,一方面打破了人们交流沟通的时间和空间限制,提高了人与人之间交流的效率,营造了维持亲密关系的假象;另一方面,互联网实现了实时传输,却淡漠了面对面交流的人际关系,真挚的情感沟通成为奢侈品。在纪实类综艺节目中始终将嘉宾置于相对远离现代快节奏的情境中,营造现实中人们理想的、向往的环境。

《向往的生活》之所以受欢迎就在于情感元素的传达。第一,节目以闲适的农村生活为背景,塑造温暖、亲切、自然、舒适的农村生活,力求表现出生活中最真实的一面,其清新的节目风格、纯朴的自然环境,传达出一种对淳朴民风的向往和对安逸生活的追求,也符合高工作强度的人们向往闲适农村生活的心理诉求。第二,节目以邀请客人来做客为主要内容,节目中嘉宾的情绪由从未进村的好奇,进了村之后的陌生、拘谨,到与主人一起在田间劳动时的亲密协作,再到劳动之后吃饭时的开心满足,最后离开时的不舍与怀念,一步步发展。这些情感过程都是面对面、真诚直接地传达出来,尤其是在吃饭环节,主人与客人围坐在院中的长桌旁,面对漫天星斗,周围蛙声、虫鸣声、狗吠声,彼此互相调侃,讲述自己的人生过往,拉近了人与人之间的距离,还原了人类交往活动的本来面貌。第三,真实不做作的劳动场景传达了一种以劳动来换取食物的朴素意趣。没有复杂的人际关系、没有按劳取酬的价值标准,向往的生活不是不劳而获、享受安逸,而是简单朴素、自力更生的劳动,在劳动中陶冶情操,在劳动中消化人生的苦乐。《向往的生活》展现的正是人与人之间共通的情感,以及对闲适的生存环境、真诚的人际关系和朴素的劳动的向往。

4. 引发观众对自身生活的思考

纪实类综艺节目通过对明星嘉宾的生活记录,将现实生活中的普遍问题摆出来,引发观众对自己生活现状的思考和讨论。婚恋情感话题是纪实类综艺节目所关注的重点议题。一般节目中的嘉宾分属于不同的年龄层和人生阶段,观众可以在明星夫妻的日常琐事中看到自己婚姻生活的日常,节目通过记录不同类型家庭的幸福生活,引起观众在恋爱观和婚姻观上的共鸣。纪实类综艺节目《幸福三重奏》从明星嘉宾感情生活细节中捕捉两个人的情感交流,通过节目让观众看到幸福的生活有很多种,并且能积极思考自己的幸福生活是什么。通过有代表性的明星生活记录,引发对社会普遍存在的问题的关注,并且让观众思考自己的生活,进而不断提醒自己认真对待生活、积极解决问题。

关注认知障碍人群的纪实类综艺节目《忘不了餐厅》邀请了五位年过六旬的患有轻度阿尔兹海默症的老年人在深圳一家忘不了餐厅做服务生。节目以科普的方式纠正了人们普遍的认知偏差,以及如何预防及延缓病情恶化。节目引发了许多网友及病人家属强烈的情感共鸣,很好地填补了老年题材综艺的空缺,节目中对患阿尔兹海默症老人的真实记录也直击观众的痛点、泪点。这档节目的意义不仅仅在于发挥了引导与教育作用,还关注了当下老年人的生存现状,鼓励年轻人去陪伴老人,帮助老人实现自我价值,这也是当前社会中普通家庭所面临的现实问题。

《向往的生活》与《三个院子》,《幸福三重奏》与《妻子的浪漫旅行》。

对比分析案例中纪实类综艺节目的创作特点。

参考文献
References

[1] [英]大卫·麦克奎恩.理解电视:电视节目类型的概念与变迁[M].苗棣,赵长军,李黎丹,译.北京:华夏出版社,2003.

[2] [法]热拉尔·贝东.电影美学[M].袁文强,译.北京:商务印书馆,1998.

[3] 孙宝国.中国电视节目形态研究[M].北京:新华出版社,2007.

[4] 周文.电视艺术概论[M].北京:中国传媒大学出版社,2017.

[5] 钟大年.纪录片创作论纲[M].北京:北京广播学院出版社,2000.

[6] [美]罗伯特·艾伦.重组话语频道——电视与当代批评理论[M].牟玲,译.北京:北京大学出版社,2008.

[7] 曾祥敏.电视新闻学[M].北京:中国传媒大学出版社,2012.

[8] 童兵.理论新闻传播学导论[M].北京:中国人民大学出版社,2000.

[9] 北京广播学院电视系学术委员会.中国应用电视学[M].北京:北京师范大学出版社,1993.

[10] 孙玉胜.十年:从改变电视的语态开始[M].上海:生活·读书·新知三联书店,2003.

[11] 郭镇之.中外广播电视史[M].3版.上海:复旦大学出版社,2016.

[12] 高鑫.电视剧观念的变化与演递[J].当代电视,1987(03).

[13] 孟繁树.论电视剧的可视性[J].中国电视,1991(07).

[14] 金昌庆,易前良.现实题材电视剧创作现状及其创新[J].中国电视 2009(09).

[15] 陆长河.由热播剧看近年来国产电视剧叙事策略的嬗变[J].中国电视,2019(07).

[16] 尹鸿.中国电视剧文化50年[J].电视研究,2008(10).

[17] 范志忠,陈旭光.中国电视剧审美创作与类型叙事的新态势[J].艺术百家,2018(05).

[18] 曹凯中,杨婕.戏剧化的历史与历史化的戏剧——戏说历史剧的艺术特征研究[J].中国电视,2018(03).

[19] 吴秋雅.纪录与建构——中国电视剧1978-2008年发展综述[J].当代电影,2008(10).

[20] 李劲松.谈电视纪录片的叙事结构[J].现代视听,2007(06).

[21] 申启武,王灿.新中国成立70年来广播电视新闻节目形态演变与发展的理论思考[J].编辑之友,2019(09).

[22] 陈旭光.电视综艺节目:历史及本体特性[J].中国电视,2001(06).

[23] 蒋肖斌.从《电视红娘》到《非诚勿扰》——电视相亲节目的历史考察[J].现代视听,2011(09).

[24] 马春晖.真人秀生活服务类节目的现状与发展[J].新闻与写作,2015(07).

[25] 李兴国,余跃.在悬念中叙事——论电视节目中的悬念意识[J].现代传播,2003(05).

[26] 石秋萍.关系的平衡与反转——电视真人秀节目仪式感的创设[J].视听界,2018(03).

［27］冉儒学.严肃的游戏——从"决赛"看《幸存者》的叙事策略[J].电视研究,2001(03).

［28］刘全亮.电视谈话节目的困境及创新策略分析[J].中国电视,2016(09).

［29］雷建军.电视谈话节目与脱口秀辨析[J].电视研究,2004(05).

［30］郭晋晖."脱口秀"在中国——试评近年兴起的电视谈话节目[J].文艺争鸣,2002(02).

［31］陈虹.中国电视谈话节目的危机和转机[J].新闻界,2005(02).

［32］顾晓燕.还原电视谈话节目客厅氛围:从角色传播到真正人际传播的转变[J].现代传播,2002(02).

［33］高鑫.深沉的文化意蕴——1994年度"中国电视奖"社教节目文化类获奖节目述评[J].电视研究,1995(09).

［34］张同道.荧屏上的文化版图——中国电视文化栏目研究[J].北京师范大学学报(人文社会科学版),2000(06).

［35］张爱凤.原创文化类节目对中国"文化记忆"的媒介重构与价值传播[J].现代传播,2017(05).

［36］郑可壮.电视游戏节目还能走红多久——关于电视游戏节目的随想[J].新闻记者,1997(02).

［37］张凤铸,陈立强.一种节目范式的解析:从《快乐大本营》说起[J].当代电影 2004(04).